Collection

Les essentiels de la civilisation anglo-saxonne
dirigée par D. Frison

LE ROYAUME DÉSUNI

Angleterre, Irlande, Écosse, pays de Galles

Introduction à la dévolution

Moya Jones
Maître de conférences
à l'université Michel de Montaigne (Bordeaux III)

ellipses

ISBN 2-7298-1380-2

www.editions-ellipses.fr

INTRODUCTION

L'adjectif de nationalité, « britannique » (*British*), qui qualifie l'État qui nous occupe, n'est tiré que d'une partie de son nom officiel, le Royaume-Uni de Grande-Bretagne et d'Irlande du Nord, et semble donc exclure les trois millions de ses citoyens qui habitent la partie nord-est de l'île voisine, l'Irlande.

Il y a aussi une confusion quasi générale, de la part des observateurs étrangers, entre « britannique » et « anglais », sauf peut-être au moment du Tournoi des six nations, la compétition annuelle de rugby qui souligne les fiertés nationales et met en avant les emblèmes nationaux du trèfle irlandais, du poireau gallois, du chardon écossais et de la rose anglaise.

Cependant, pour comprendre pourquoi un habitant de Cardiff ou de Glasgow est offusqué lorsqu'on dit négligemment, « Ici en Angleterre... » ou, « Vous, les Anglais... », on pourrait comparer sa réaction à celle d'un Corse ou d'un Basque que l'on assimile à un Français. Mais, tout comme pour un Corse, un Breton ou un Basque, cet affront n'est pas simplement une question de vocabulaire, mais il est solidement enraciné dans l'histoire et la politique.

L'union des quatre pays qui composent le royaume actuel, c'est-à-dire, l'Angleterre, l'Irlande du Nord, l'Écosse et le pays de Galles, s'est accomplie par une série d'événements qui se sont déroulés sur une période couvrant presque mille ans. L'expansion et la domination de l'Angleterre, le plus grand des quatre pays, ont découlé d'un processus de conquêtes, de traités et de négociations, entériné par la promulgation de diverses lois. Son parlement, situé à Westminster, sur les bords de la Tamise, devint en effet le Parlement de l'Union. Pour résumer ce processus, sans exagérer, on pourrait en parler en termes de colonisation interne : les peuples celtes des périphéries géographiques connaissent une domination de type colonial de la part des Anglais.

Cependant, les différentes unions avec le pays de Galles (1536, 1543), l'Écosse (1707) et l'Irlande (1800, 1922) ne donnèrent pas un État unitaire, comme la France, qui dispose d'un seul centre politique. Dans la structure de l'État français, toutes les parties de l'État sont égalitaires, l'administration est standardisée, et toutes les institutions sont directement contrôlées depuis le centre. La structure de l'État britannique est le résultat du processus d'intégration, et est celle d'un « État-union » (qui ressemble au système américain ou canadien) dont le territoire est acquis par incorporation (conquête, traité, héritage, achat...). La standardisation administrative domine, mais les droits et les infrastructures d'avant l'union perdurent, ainsi que certaines infrastructures institutionnelles qui contribuent à sauvegarder une certaine autonomie « régionale » (où plutôt « nationale », vue de la périphérie).

La « dévolution » au Royaume-Uni, c'est-à-dire la déconcentration des pouvoirs, consiste en une série de mesures et de lois qui révisent les termes et les conditions des différentes unions. Elle ne signale pas un retour au passé, mais elle cherche la révision des rapports centre-périphérie, plutôt que la destruction ou la dissolution des relations actuelles.

En ce début du XXIe siècle, l'État britannique est assailli par les défis que lui lancent plusieurs processus politiques. Au niveau supra-national, son adhérence à l'Union européenne l'oblige à se plier aux exigences et aux directives de la communauté. À un autre niveau, l'État britannique subit des pressions nationalistes et régionalistes qui conduisent vers une fragmentation de l'État actuel. De telles pressions, externes et internes, ont un effet sur la stabilité de l'État, allant jusqu'à la remise en question de la pérennité du Royaume-Uni.

Dans ce livre, nous examinons l'identité brouillée de l'État britannique. Nous considérerons d'abord l'évolution et le caractère de la constitution britannique avant de passer à une étude des trois pays associés à l'Angleterre. Nous verrons alors que l'histoire nationaliste de chaque pays est étroitement liée aux différentes formes que la dévolution a prises dans ces trois cas. Ensuite, nous tenterons de démêler les relations complexes entre ces nations, des rapports qui ont fluctué au fil des années. Dans le souci d'éclairer le fond politique des histoires nationalistes et dévolutionnistes, nous essaierons de montrer comment ces histoires sont centrales à l'histoire britannique ; elles sont à l'origine de très graves crises politiques, et sont derrière des changements fondamentaux dans la constitution interne de tous les partis politiques.

Un examen des problèmes que soulève la dévolution nous conduira à poser des questions sur la revendication identitaire des Anglais, délaissés par les développements récents, et anxieux de connaître leur propre autonomie, régionale ou nationale. En conclusion, notre étude nous amènera à considérer le devenir de l'État britannique, qui est peut-être fédéral.

« La dévolution n'est pas un événement mais un processus. »
Ron Davies, député de Caerphilly, le 1er mars 1999

L'auteur remercie chaleureusement Christine Lacoste
pour ses précieux conseils.

TABLE DES MATIÈRES

LISTE DES TABLEAUX

ILES ORCADES
ILES SHETLAND
Lerwick
Stornoway
Lewis
Inverness
Skye
Aberdeen
ÉCOSSE
Océan Atlantique Nord
Dundee
St Andrews
Mull
Jura
Stirling
Mer du Nord
Islay
Glasgow
ÉDIMBOURG
Berwick upon tweed
Newtown Saint Boswells
Campbeltown
Arran
Londonderry
Newcastle upon Tyne
Dumfries
IRLANDE DU NORD
Carrickfergus
Carlisle
Durham
Omagh
BELFAST
Middlesborough
Armagh
Ile de Man
Northallerton
Enniskillen
ANGLETERRE
Kingston upon Hull
Mer d'Irlande
Preston
Wakefield
Manchester
Barnsley
Anglesey
Liverpool
DUBLIN
Lincoln
Mold
Chester
Matlock
Caernarfon
RÉPUBLIQUE D'IRLANDE
Stafford
Nottingham
Norwich
Shrewsbury
Birmingham
Leicester
PAYS DE GALLES
Worcester
Warwick
Northampton
Cambridge
Llandrindod Wells
Bedford
Ipswich
Gloucester
Aylesbury
Hertford
Carmarthen
Oxford
Chelmsford
Newport
LONDRES
Swansea
Bristol
Reading
CARDIFF
Trowbridge
Kingston
Maidstone
Taunton
Winchester
Lewes
Exeter
Dorchester
Chichester
0 50 100 km
Bodmin
Ile de Wight
Guernesey
Jersey
Manche
ILES ANGLO-NORMANDES
Iles Scilly

Chapitre 1

LA CONSTITUTION BRITANNIQUE ET LA DÉVOLUTION

Il existe une certaine confusion entre les noms employés pour désigner les zones géographiques qui composent les îles Britanniques (*British Isles*) et ses différents éléments politiques. La plus grande île, la Grande-Bretagne, contient trois pays : l'Angleterre, le pays de Galles et l'Écosse. À l'ouest, l'Irlande est composée de l'Irlande du Nord et de la République d'Irlande (*Eire*). La plus grande composante politique est le Royaume-Uni de Grande-Bretagne et d'Irlande du Nord (*United Kingdom*, ou *UK*), composée donc de quatre pays : l'Angleterre, le pays de Galles, l'Écosse et l'Irlande du Nord. La République d'Irlande (*Eire*) en faisait partie jusqu'à la Guerre d'Indépendance de 1922.

Le Royaume-Uni est donc un État composé de quatre nations, liées ensemble politiquement à différents moments. Le pays de Galles est déjà annexé par l'Angleterre depuis 1536 lorsque l'union de l'Angleterre et du pays de Galles avec l'Écosse en 1707 crée un nouvel État : la Grande-Bretagne. L'union de celle-ci avec l'Irlande date de 1801 mais elle ne dure que 120 ans, et après la sécession de l'Irlande républicaine en 1922, seule l'Irlande du Nord dans la partie nord-est de l'île reste attachée à la Grande-Bretagne. Les députés qui siègent au Parlement à Westminster représentent des circonscriptions dans les quatre pays ; sur les 659 au total, 72 représentent des circonscriptions écossaises, 40 représentent le pays de Galles et 18 viennent de l'Irlande du Nord.

Vu sa création pièce à pièce, il n'est pas étonnant, peut-être, que le Royaume-Uni n'ait pas de Constitution écrite. Ceci tient en partie aussi au fait que c'est un pays de droit coutumier (*common law*) par opposition à plusieurs pays européens, y compris l'Écosse, qui subissent l'influence du droit romain écrit. Le Royaume-Uni est une monarchie constitutionnelle, mais au fil des siècles les pouvoirs du souverain se réduisent progressivement et ses prérogatives sont récupérées par le Parlement.

Cependant, en l'absence d'un seul document constitutionnel, il existe un certain nombre de textes fondamentaux, tous issus de différends entre le souverain et les nobles d'abord, et de querelles entre le roi et le Parlement par la suite.

Les origines du Parlement se trouvent dans les conseils composés de nobles et de membres du clergé que consultent les rois saxons et normands (entre le VIIe et le XIIe siècle) Depuis le début du XIIIe siècle le Parlement évolue et c'est vers le milieu du XIVe siècle que la monarchie doit fonctionner selon un système bicaméral, c'est-à-dire à deux chambres. On trouve désormais une première chambre, basse, où siègent les représentants du comté (*knights*) et les représentants des villes (*burgesses*). Celle-ci évolue et devient la Chambre des communes. La deuxième chambre, haute, où les barons, les pairs et les membres supérieurs du clergé se réunissent devient la Chambre des lords. L'évolution de ce système et le transfert progressif des pouvoirs vers le Parlement, et surtout la Chambre des communes, sont marqués donc par des textes et il n'est pas inutile d'en rappeler les principaux.

La Grande Charte de 1215 (*Magna Carta*) est une tentative de la part des barons de limiter les abus de pouvoir du roi Jean. Dès 1295 le Parlement convoqué par Édouard Ier comprend des représentants de la bourgeoisie, mais ce n'est qu'au XIVe siècle que les Communes siègent indépendamment des Lords. Dans le courant du XVe siècle les Communes obtiennent la primauté sur la Chambre des lords en matière fiscale. Le XVIIe siècle voit s'intensifier la lutte des Communes contre le souverain et les pairs et au fil des années ce conflit produit trois textes clés : la Grande Remontrance (*The Great Remonstrance*), rédigé en 1641, qui demande que le roi Charles Ier reconnaisse les principes du régime parlementaire dualiste ; le *Habeas Corpus Amendment Act*, loi votée par le Parlement en 1679, qui règle les rapports entre le roi et le judiciaire afin de garantir certaines libertés des juges, des jurés et des individus ; et le *Bill of Rights*, datant de 1689, qui suit la deuxième révolution d'Angleterre (*Glorious Revolution*) et l'avènement du protestant Guillaume III d'Orange, à qui le Parlement offre la couronne. Ce dernier texte consacre la suprématie désormais incontestée du Parlement et surtout de la Chambre des communes.

Pour l'Angleterre la crise de 1688-89 est le début de la vie constitutionnelle moderne car le rôle du Parlement est grandissant dans les domaines économiques et politiques. Les rois Stuarts, dépensiers et autocrates, sont définitivement évincés du pouvoir en 1689. Quarante ans après l'exécution de Charles Ier (1649), après l'interrègne de Cromwell et le Commonwealth, et après la restauration de la monarchie en la personne de Charles II (1660), les forces armées protestantes de Guillaume d'Orange battent l'armée catholique de Jacques II, fils de Charles II, sur les rives de la Boyne, en Irlande. C'est un tournant décisif, mais il reste la question de la succession au trône.

Le problème de la succession est épineux car le Parlement veut que le souverain soit protestant ; il est résolu par l'Acte d'Établissement de 1701 (*Settlement Act*) par lequel l'accession au trône est réglée en faveur de la maison de Hanovre, dont la reine Élisabeth II descend directement. Cette loi confirme aussi les autres textes et affirme la séparation des pouvoirs entre la monarchie (l'exécutif), le Parlement (le législatif) et le judiciaire.

Ces textes ont en commun un souci de définir les libertés du peuple et de restreindre les pouvoirs du Parlement et du roi. Il faut noter aussi l'importance de la religion, consacrée par l'acte d'Établissement. En effet, elle joue un rôle déterminant à travers toute l'histoire du Royaume-Uni et dans le récit de la dévolution. Dès le XVIe siècle, lors de la Réforme et l'établissement de l'Église d'Angleterre, les tensions religieuses marquent l'histoire des quatre pays. Le balancier du pouvoir oscille entre le catholicisme et le protestantisme d'abord, entre les religions établies (anglicanisme anglais et presbytérianisme écossais) et le non-conformisme (méthodismes, *Dissent* — en dissidence de l'Église anglicane, etc.) par la suite. Elles continuent de jouer un rôle non négligeable encore aujourd'hui.

La constitution britannique n'est donc pas codifiée dans un seul et unique document, et son développement à travers les siècles provient de différentes sources. Enracinée d'abord dans le droit coutumier, elle puise son autorité aussi dans les conventions qui règlent, par exemple, les relations entre l'exécutif et le législatif. La constitution est définie également par les lois que promulgue le Parlement ainsi que par les coutumes parlementaires. En dernier, quelques écrits d'autorité viennent l'étayer. À cette liste il faut ajouter le droit de l'Union européenne, la Cour de justice européenne étant supérieure au Parlement dans plusieurs instances depuis 1993.

La souveraineté parlementaire

La constitution britannique est donc flexible et souple, fondée sur le principe de la souveraineté parlementaire : le Parlement est l'ultime autorité légale. Mais, surtout, la constitution est unitaire, c'est à dire, elle n'est pas fédérale, ce qui est théoriquement possible car les quatre pays qui composent le Royaume-Uni en une union politique ont chacun un statut constitutionnel différent. Un État fédéral, comme les États-Unis ou l'Allemagne, s'organise d'après un système où le gouvernement central partage certains pouvoirs avec des instances qui gouvernent un territoire plus petit, un composant de l'ensemble (un État, une région, une province...). L'État britannique n'a qu'une seule autorité, c'est-à-dire le gouvernement à Londres qui est responsable devant le Parlement de Westminster.

En ce qui concerne les différents niveaux administratifs au Royaume-Uni, l'administration locale est réorganisée entre 1992 et 1998. En Angleterre elle se fait à deux niveaux principaux, le comté et le district. Cependant, 46 grandes villes et leurs agglomérations ne connaissent qu'un seul niveau d'administration (*unitary authority*). En Écosse, 29 conseils unitaires sont mis en place et 22 au pays de Galles. En Irlande du Nord l'administration locale est assurée par 26 conseils au niveau du district (*district councils*). La gestion et l'administration de Londres est un problème à part (voir chapitre 5). Créés donc par législation à Westminster, ces conseils ont certains pouvoirs fiscaux et législatifs, mais ils sont subordonnés à l'autorité de Westminster. Tel est le statut aussi des parlements de l'île de Man et des îles Anglo-Normandes : ils connaissent une grande autonomie fiscale et législative (depuis plus de mille ans dans le cas du *Tynwald* de Man), mais tout comme les parlements actuels de l'Irlande du Nord, de l'Écosse et du pays de Galles, (créés par Westminster), ils pourraient tous, éventuellement, être abolis par décision du Parlement de Westminster. Mais ce pouvoir, qui est plutôt le fait du Cabinet des ministres et de la Chambre des communes, est subordonné, dans plusieurs domaines, au droit de la Communauté européenne.

L'adhésion à l'Union européenne depuis 1973 a eu des conséquences profondes sur la constitution britannique parce que cette souveraineté suprême du Parlement est sapée. Il faut se rappeler d'abord que le Royaume-Uni, comme tous les adhérents européens d'ailleurs, n'est qu'une voix parmi d'autres à la Commission européenne, le Conseil des ministres et le Parlement européen, et que cette voix est limitée. Également, on doit noter que l'adhésion à la Communauté européenne impose à Westminster une autorité constitutionnelle supérieure : celle de la Cour européenne de justice. Ensuite, la Cour européenne peut déclarer que certaines mesures parlementaires sont contraires au droit européen, et qu'elles sont donc illégales. Ainsi, le Parlement britannique peut légiférer seulement dans les domaines qui sont en dehors du droit européen. Pour finir, il faut remarquer que lors de la ratification du Traité de Maastricht de 1993, paradoxalement, le Parlement se sert de son autorité souveraine pour restreindre sa souveraineté future.

Sur ce fond de changements constitutionnels imposés de l'extérieur on doit aussi considérer les demandes de modifications issues de sources diverses à l'intérieur du pays.

La réforme constitutionnelle

Depuis le milieu des années 1980 les demandes de réforme constitutionnelle, qui n'avaient pas été entendues depuis le début du XXe siècle, sont à nouveau à l'ordre du jour. Tout au long du XIXe siècle c'est un sujet qui domine les débats politiques et enflamme les passions. Dès 1837, les adhérents du chartisme, un mouvement populaire, réclament le suffrage universel, le scrutin secret, des circonscriptions de taille égale, des députés rémunérés et des élections annuelles parmi d'autres demandes qui cherchent à répandre l'idéal démocratique. Les suffragettes continuent la lutte au début du XXe siècle et les femmes gagnent le droit de voter en juin 1918.

Mais c'est le mouvement pour l'autonomie en Irlande (*Home Rule*) qui constitue, entre 1886 et 1914, la première tentative sérieuse de modifier la constitution britannique depuis l'Union de 1800 (voir chapitre 2). Pour William Gladstone, député et Premier ministre libéral, le problème principal est de concilier les demandes autonomistes irlandaises avec le principe de la suprématie du Parlement londonien. L'égalité entre l'Angleterre et l'Irlande est sous-entendue par l'acte de 1800, mais, en réalité, l'Irlande se trouve dans une position d'infériorité, gouvernée non par des Irlandais mais par des Britanniques à Londres.

L'Irlande est gouvernée par coercition plutôt que par consentement, ce qui est reconnu par les gouvernements libéraux menés par William Gladstone. À cette époque, l'Empire britannique est à l'apogée de sa gloire à l'époque et Gladstone croit comprendre que le nationalisme irlandais est simplement une expression de patriotisme local et il est persuadé qu'il est possible de concilier les demandes d'autonomie irlandaise et la suprématie du Parlement londonien. D'après son raisonnement, les deux communautés politiques, l'Angleterre et l'Irlande, peuvent coexister comme la Suède et la Norvège, ou l'Autriche et la Hongrie de cette période. C'est-à-dire qu'il envisage un arrangement politique où une instance de pouvoir reste suprême tandis que l'autre législature reste autonome en ce qui concerne les affaires internes. Une telle solution est mise en place pour gouverner les colonies « blanches » de l'Empire : le Canada, l'Australie et la Nouvelle-Zélande.

Mais, les colonies n'ont jamais eu de représentation à Westminster, contrairement aux Irlandais, et les colonies ne versent pas d'impôts à Westminster. Comment donc faut-il taxer les Irlandais, étant donné que l'imposition indirecte serait un des pouvoirs réservés à Londres ? Une deuxième réponse au dilemme se fait appeler la solution « *in and out* ». Si les députés irlandais siègent à Dublin dans une législature qui gère seulement les affaires internes de l'Irlande, faut-il les rappeler à Londres lorsqu'il s'agit d'un débat ou d'un vote sur les affaires réservées au gouvernement (économie, défense nationale, affaires étrangères, etc.) ? Ils seraient donc exclus des affaires anglo-galloises et écossaises. Aussi, peut-on exclure du Parlement à Westminster les députés irlandais tout en leur réclamant des impôts ? C'est le même problème qui mena droit à la perte des colonies américaines dans les années 1770.

On propose aussi la réduction du nombre de députés irlandais, mais cette solution est vite rejetée.

Ce sont des problèmes constitutionnels fondamentaux et ils refont surface dans les années 1970 lorsque le gouvernement britannique propose à nouveau la dévolution asymétrique pour l'Écosse et le pays de Galles (voir le chapitre 5 et la « question de la West Lothian »). Pour l'Irlande, une solution de compromis est mise en place en 1921, mais les problèmes constitutionnels ne sont pas résolus pour autant.

Charter 88

Mises à part les propositions de dévolution pour le pays de Galles et l'Écosse, défaites lors des référendums du 1er mars 1979, il faut attendre 1988 pour que la réforme constitutionnelle se retrouve à l'ordre du jour. Cette année-là est fondé *Charter 88*, coalition pour la réforme constitutionnelle composée de divers individus qui se trouvent politiquement à gauche ou au centre ou qui soutiennent les partis nationalistes en Irlande, Écosse et au pays de Galles. Trois cents ans après la « Glorieuse

Révolution » ce mouvement cherche à redonner vie aux demandes traditionnelles de droits constitutionnels. L'exigence principale du mouvement est de demander que les droits politiques, civiques et constitutionnels soient fixés par un document écrit, un nouveau *Bill of Rights*, afin de déjouer les décisions arbitraires de Westminster.

Pendant les années 80 et 90 les adhérents du mouvement font campagne pour la promotion des idées principales, gagnant de plus en plus de soutien de la part du grand public. Un sondage en 1995 révèle que 79 % de la population souhaitent une constitution écrite ainsi qu'un *Bill of Rights*. Au printemps 1997 le parti travailliste et le parti libéral-démocrate proposent et adoptent un programme de réforme, dont voici les points principaux :

- la mise en place d'une commission qui étudierait la modernisation de la Chambre des communes
- l'abolition du droit des pairs héréditaires de siéger à la Chambre des lords
- la mise en place d'un Parlement écossais et d'une Assemblée galloise élus à la proportionnelle
- l'organisation de référendums à propos d'un conseil pour Londres et des parlements régionaux anglais qui seraient élus par l'électorat, au scrutin universel
- l'adoption de la Convention européenne des Droits de l'homme
- la mise en place d'une commission pour revoir le système électoral britannique
- les droits à l'information consacrés par une loi.

Ces propositions sont adoptées, plus ou moins, par le parti travailliste après les élections de 1997. Avec sa majorité extraordinaire à la Chambre des communes, 415 des 659 sièges, il peut entreprendre un programme de réforme constitutionnelle considérable même si la totalité des propositions pré-électorales ne sont pas adoptées. Le programme est radical mais ne va pas jusqu'à l'adoption d'une constitution écrite, jugée impraticable, pas nécessaire et indésirable, d'autant plus qu'une constitution codifiée enlèverait au Parlement son autorité suprême.

Néanmoins, les réformes sont mises en route et sont réalisées les unes après les autres.

Le premier pas est l'organisation de référendums en Écosse et au pays de Galles quatre mois après l'élection pour sonder les populations à propos des parlements régionaux que le gouvernement central leur propose.

Cependant, comme nous l'avons vu, la dévolution du pouvoir vers des parlements régionaux est très radicale dans le contexte britannique car elle cherche à concilier deux principes opposés, c'est-à-dire la suprématie du Parlement et l'autonomie en ce qui concerne les affaires internes à ces régions. Le principe de la souveraineté du Parlement est tellement fort au Royaume-Uni parce que l'administration nationale est très centralisée et qu'il n'existe pas de système de niveaux administratifs interdépendants. Le partage du pouvoir de cette façon est inconnu. La dévolution veut dire que certains pouvoirs et fonctions, assurés d'habitude par des ministres et le Parlement, sont transférés vers une autorité inférieure, excentrée géographiquement et élue par la population locale. La dévolution implique la création d'un organisme élu, subordonné au Parlement. Ce n'est pas la même chose que le fédéralisme où les pouvoirs sont partagés. Dans un État fédéral, les pouvoirs du gouvernement fédéral et des gouvernements provinciaux sont coordonnés et ce partage est défini par une constitution écrite.

La dévolution et les partis politiques

Au début du XXe siècle les deux partis politiques qui dominent en Grande-Bretagne sont les conservateurs et les libéraux. Le parti conservateur est la formation politique qui soutient la monarchie et l'Église établie. C'est le parti de l'aristocratie et des intérêts fonciers, tandis que le parti libéral est soutenu par les populations de la bourgeoisie urbaine, de la périphérie britannique et des églises non-conformistes. Il y a donc un clivage entre les classes, mais aussi une division géographique. Quand il est au pouvoir, c'est le parti libéral mené par Gladstone d'abord et par Lloyd George ensuite, qui cherche une solution à la question irlandaise ; mais, après la Première Guerre mondiale, la lutte des classes prime sur les intérêts régionaux et le parti travailliste, né de l'*Independent Labour Party*, fondé en 1893, et du *Labour Representation Committee*, de 1900, éclipse le parti libéral. Non seulement il représente la classe ouvrière, mais aussi il prend les voix des libéraux en Écosse et au pays de Galles, où auparavant le soutien au parti libéral est particulièrement fort.

Cependant, ayant hérité de ces traditions radicales et décentralistes, la doctrine travailliste change car il semble maintenant que la centralisation du pouvoir est la meilleure façon de réaliser les politiques socialistes de nationalisation et de planification centralisée. En Écosse et au pays de Galles l'électorat se tourne vers le parti travailliste lorsque ces deux régions connaissent un déclin économique dans les années 30 et après la Seconde Guerre mondiale. Les travaillistes se félicitent de ce soutien car le nationalisme naissant dans ces deux pays menace la cohérence du mouvement ouvrier. Ainsi, un grand nombre d'élus travaillistes sont ouvertement hostiles à toute idée de dévolution des pouvoirs, non pas à cause de la menace posée à la souveraineté parlementaire, mais à cause de la dispersion du pouvoir central. La dévolution est vue comme une menace puisque, d'après le raisonnement de l'époque, l'État-Providence (*Welfare State*) et le programme socialiste de plein emploi seraient mis en danger car les subventions et les allocations sociales ne seraient pas les mêmes partout dans le royaume éclaté.

Si le soutien au parti travailliste devient plus fort en Écosse et au pays de Galles pour des raisons de classes, il en va de même pour le parti conservateur qui consolide son électorat dans le sud-est de l'Angleterre, région surpeuplée et prospère. Au pouvoir entre 1979 et 1997, les conservateurs se soucient peu de la montée du nationalisme à la périphérie de l'État. Néanmoins, les travaillistes restent circonspects lorsqu'ils considèrent le soutien croissant pour Plaid Cymru au pays de Galles (cf. chapitre 4) et le Scottish National Party, ou SNP, en Écosse (cf. chapitre 3). Ils se trouvent alors face à un dilemme électoraliste car toute concession au nationalisme menacerait la politique économique et sociale du parti. En plus, le parti dépend des voix écossaises et galloises afin d'obtenir un nombre respectable de sièges à Westminster. Tout de même, ne pas reconnaître les demandes des nationalistes risquerait d'aliéner ces derniers et de perdre leurs voix au profit des partis nationalistes. Il faut donc un geste pour faire croire aux peuples écossais et gallois que le parti travailliste prend leurs demandes au sérieux, tout en gagnant du temps afin de trouver une solution acceptable à tous.

Le premier projet de loi

En 1968 donc, le Premier ministre travailliste, Harold Wilson, met en place une Commission, (*Royal Commission on the Constitution*), sous la direction de Lord Kilbrandon. Elle est chargée d'examiner la question du gouvernement dévolu vers l'Écosse et le pays de Galles. Le rapport, publié en octobre 1973 et présenté à un gouvernement conservateur, mené par Edward Heath, n'est pas signé à l'unanimité par tous les membres de la commission. Le rapport minoritaire (*Memorandum of dissent*) dévoile de très sérieuses différences d'opinion parmi les membres de la commission. Certains recommandent une forme de gouvernement dévolu pour l'Écosse et le pays de Galles, justifié par leur forte identité nationale. D'autres aussi souhaitent voir des parlements écossais et gallois mais avec des assemblées régionales en Angleterre en plus. D'autres encore ne préconisent aucun changement. La publication du rapport au moment du choc pétrolier signifie qu'il est mollement débattu et vite consigné aux oubliettes.

Les travaillistes reviennent au pouvoir lors des élections quatre mois plus tard, en février 1974, mais le gouvernement est minoritaire ; il lui manque 17 sièges. Ayant besoin de soutien, les travaillistes se retournent alors vers les neuf députés nationalistes (sept députés du SNP et deux députés du Plaid Cymru) ainsi que vers les 14 députés libéraux. En septembre 1974 le gouvernement publie très hâtivement un livre blanc : *Democracy and Devolution : Proposals for Scotland and Wales.* Ce document contient certains principes qui deviennent la fondation de la loi de 1977. On propose :

- des assemblées en Écosse et au pays de Galles qui seraient élues directement par l'électorat local
- l'Assemblée écossaise aurait des pouvoirs législatifs ; l'Assemblée galloise n'aurait que des pouvoirs exécutifs
- les Assemblées seraient élues au scrutin majoritaire
- les Assemblées seraient financées par une seule allocation octroyée par le Parlement. Elles n'auraient aucun pouvoir fiscal
- le nombre de députés écossais et gallois à Westminster ne serait pas réduit
- les secrétaires d'État pour l'Écosse et le pays de Galles continueraient dans leurs fonctions et siégeraient au Cabinet de Londres.

Après l'élection d'octobre 1974, où les travaillistes sont soulagés lorsqu'ils obtiennent une majorité de trois sièges, un deuxième livre blanc, *Our Changing Democracy : Devolution to Scotland and Wales* voit le jour en novembre 1975 et donne davantage de détails sur les propositions dévolutionnistes. C'est alors que les différences entre les modèles écossais et gallois sont explicitées : un Parlement avec des pouvoirs législatifs en Écosse et une simple Assemblée pour le pays de Galles.

Cependant, le projet de loi, *The Scotland and Wales Bill,* fait l'objet d'une forte opposition et les discours hostiles qui l'accueillent pendant sa deuxième lecture aux Communes sont prononcés par des députés de tout bord, y compris les nationalistes, mécontentés par son manque d'envergure. Le progrès du projet de loi est ralenti par des questions de procédure, des amendements et des débats qui s'éternisent et le 22 février 1977 il est rejeté. C'est la première fois depuis plus de dix ans qu'un projet de loi proposé par le gouvernement est rejeté par les Communes.

Le deuxième projet de loi

Le parti travailliste signe alors un pacte de soutien parlementaire avec le parti libéral (mars 1977) et à l'automne le gouvernement, dirigé depuis 1976 par James Callaghan, député de Cardiff, capitale du pays de Galles, présente deux projets de loi aux Communes. Ces deux projets, un pour l'Écosse et un pour le pays de Galles, sont fondés sur les mêmes principes que le projet précédent. La seule différence avec le premier projet de loi de 1975-77 est que l'Écosse et le pays de Galles sont considérés séparément cette fois-ci. Il est très important que cette législation passe, car une nouvelle défaite pour le gouvernement risquerait de provoquer une crise politique, voire une dissolution du Parlement, suivie d'élections législatives et peut-être la défaite aux urnes. C'est une période sans précédent dans l'histoire du Parlement britannique, car un grand nombre de députés travaillistes votent avec le gouvernement, tout en exprimant leur hostilité aux projets de loi, parce qu'ils craignent non seulement l'éclatement du Royaume-Uni mais aussi la fin du mouvement socialiste. Néanmoins, ils peuvent, en toute conscience, soutenir cette législation puisque deux amendements parmi d'autres leur permettent un peu d'espoir.

Le premier, proposé par Lord Ferrers à la Chambre des lords, cherche à résoudre le problème qui tracassait Gladstone : les députés à Westminster qui représentent une région dévolue, ont-ils le droit de voter dans les affaires qui ne les concernent pas directement, les affaires d'autres régions dévolues ? En effet, il souhaite délimiter la participation des députés écossais à Westminster lors des votes concernant, d'une part, les affaires écossaises, et, d'autre part, les affaires anglaises, galloises ou nord-irlandaises. L'amendement Ferrers prévoit que la Chambre des communes devienne, à certains moments, une assemblée seulement pour l'Angleterre, le pays de Galles et l'Irlande du Nord. Cet amendement pourrait avoir des conséquences très profondes lorsqu'on se souvient qu'à deux reprises, en 1964 et en 1974, le gouvernement travailliste dépendit des voix des députés écossais pour survivre.

Le deuxième amendement important, présenté par le député travailliste, George Cunningham, exige que 40 % de l'électorat, et non 40 % des votants, approuve le projet de dévolution lors d'un référendum préliminaire. Or, le référendum est inconnu en Grande-Bretagne jusqu'en 1975 lorsque l'électorat approuve l'adhésion britannique à la Communauté européenne, mais le député Cunningham insiste sur le fait que la dévolution constitue un changement constitutionnel radical. En l'absence d'un mécanisme de validation constitutionnelle il faut des preuves que cette autonomie est souhaitée par les peuples concernés. Il ne faudrait pas que cela leur soit imposé ; il fallait donc qu'ils s'expriment à ce sujet. L'amendement Cunningham requiert donc que la population s'intéresse suffisamment à la question de la dévolution pour voter, ou alors que le niveau de soutien en Écosse et au pays de Galles soit très élevé.

Les lois sont votées et le *Scotland Act* et le *Wales Act* passent en février 1978, mais les députés travaillistes qui soutiennent la dévolution à contrecœur se doutent que les référendums seront une pierre d'achoppement.

En effet, les référendums prévus par les lois sont l'occasion d'une lourde défaite pour le gouvernement. Le 1er mars 1979 une petite majorité des voix exprimées en Écosse approuve le projet de dévolution, mais ce chiffre ne représente pas le 40 % de l'électorat requis par la loi. Au pays de Galles le rejet du projet est massif.

1.1. Les référendums de 1979

	% des votants	% des électeurs
Écosse		
participation	-	63,7
Oui	51,6	32,9
Non	48,4	30,8
Pays de Galles		
participation	-	58,3
Oui	20,2	11,8
Non	79,8	46,5

Les Écossais ne veulent pas d'un niveau supplémentaire administratif et ils ont peur qu'une assemblée écossaise soit encore dominée par le parti travailliste.

Quant aux Gallois, ils expriment les mêmes sentiments à propos de la domination socialiste tandis que certains craignent la domination de la ville de Cardiff et que d'autres appréhendent l'arrivée en masse de galloisants, introvertis, introspectifs et sans ambition pour la Principauté. Personne n'apprécie les pouvoirs très limités proposés à l'Assemblée galloise.

Le gouvernement Callaghan fait des efforts pour maintenir le projet de dévolution mais le SNP propose un vote de confiance et pour la première fois depuis plus de cinquante ans le gouvernement est vaincu, battu d'une voix. Par la suite, les travaillistes sont écartés du pouvoir pendant dix-huit ans et ce sont les propositions de dévolution et de changements constitutionnels qui en sont directement imputables.

Le *Scotland Act* et le *Wales Act* de février 1978 sont prorogés en 1979 par le gouvernement conservateur de Margaret Thatcher. Suit alors une période où le gouvernement du Royaume-Uni est polarisé géographiquement. L'Angleterre vote à droite, la périphérie celtique vote à gauche ou vote nationaliste. Les politiques individualistes des gouvernements Thatcher et Major sont mal vécues par les Écossais et les Gallois, avec leurs longues traditions de solidarité sociale. Mais les travaillistes n'abandonnent pas la dévolution pendant les années d'opposition. En 1989 certains députés travaillistes sont parmi les fondateurs d'une Convention constitutionnelle en Écosse (*Scottish Constitutional Convention*) qui œuvre pour le rétablissement du Parlement écossais (voir chapitre 3). Entre-temps, le chef du parti travailliste (après Neil Kinnock, le Gallois, et John Smith, l'Écossais,) est Tony Blair, d'origine écossaise, élu en 1994. Sensible aux complexités de la dévolution, dès juin 1996 il insiste sur le fait que toute législation dévolutioniste doit être précédée cette fois-ci par des référendums, sans amendement prohibitif.

Le troisième projet de loi

Le parti travailliste revient au pouvoir le 1er mai 1997.

1.2. Les élections législatives du 1er mai 1997

	Nombre de sièges	% des voix
Travaillistes	418	43,2
Conservateurs	165	30,7
Libéraux-démocrates	46	16,8
Divers Irlande du Nord	18	2,1
S.N.P. (nationaliste écossais)	6	2,0
Plaid Cymru (nationaliste gallois)	4	0,5
Indépendants	1	0,5

La majorité du nouveau gouvernement travailliste aux Communes est tellement importante qu'il n'a plus besoin du soutien des nationalistes. Cependant, il reste fidèle aux principes élaborés pendant les années d'opposition et les référendums sont organisés le 11 septembre en Écosse et le 18 septembre au pays de Galles. C'est une stratégie subtile puisque le soutien au projet est tiède au pays de Galles et le gouvernement Blair compte sur l'effet mobilisateur d'un « oui » franc et massif de la part des Écossais. C'est la dixième fois depuis 1886 que le gouvernement tente de faire voter un projet de dévolution.

La victoire en Écosse est spectaculaire : presque 74 % des votants, c'est à dire 45 % de l'électorat, approuve le retour du Parlement écossais, après presque trois cents ans d'absence.

Au pays de Galles, par contre, c'est un « oui » du bout des lèvres. Un million de Gallois votent, c'est à peu près un électeur sur deux, mais c'est une majorité de moins de 7 000 voix qui l'emporte. Les Gallois sont peu intéressés par une Assemblée qui est, à leurs yeux, sans pouvoir réel.

Le *Scotland Act* et le *Government of Wales Act* de 1998 sont fondés plus ou moins sur les mêmes principes que ceux élaborés en 1974, si ce n'est que les systèmes électoraux au Parlement écossais et à l'Assemblée nationale au pays de Galles sont modifiés, et que le Parlement écossais bénéficie de pouvoirs fiscaux limités.

Les deux lois sont donc votées et le Parlement écossais et l'Assemblée nationale au pays de Galles entrent en fonction. Mais il reste un certain nombre de problèmes à résoudre, car il subsiste un flou constitutionnel, résultat d'un certain nombre de facteurs qui entrent en jeu ensemble.

D'abord, le gouvernement profite d'une majorité écrasante et peut donc faire passer toutes les lois qu'il souhaite établir. Ensuite, les référendums montrent l'approbation des peuples écossais et gallois et le résultat des référendums obligent les deux chambres, les Lords et les Communes, à faire passer les lois. Troisièmement, le parti travailliste a proposé cette législation dans son manifeste électoral et il existe une convention parlementaire qui dicte qu'une telle mesure ne peut être rejetée par les pairs.

Le résultat est qu'il existe aujourd'hui au Royaume-Uni des gouvernements dévolus dont l'existence et les conséquences n'ont pas été débattues ni examinées à fond. La dévolution, dans sa forme actuelle, est-elle une bombe à retardement ? Il se peut qu'on soit confronté à une situation constitutionnelle qui provoque une crise de grandes proportions.

Dans les chapitres qui suivent nous présentons les trois pays unis à l'Angleterre. Nous examinons comment leur histoire et leur nationalisme sont étroitement liés à la question actuelle de la dévolution, avant d'examiner les conflits potentiels que la dévolution pourrait enclencher.

Chapitre 2

L'IRLANDE

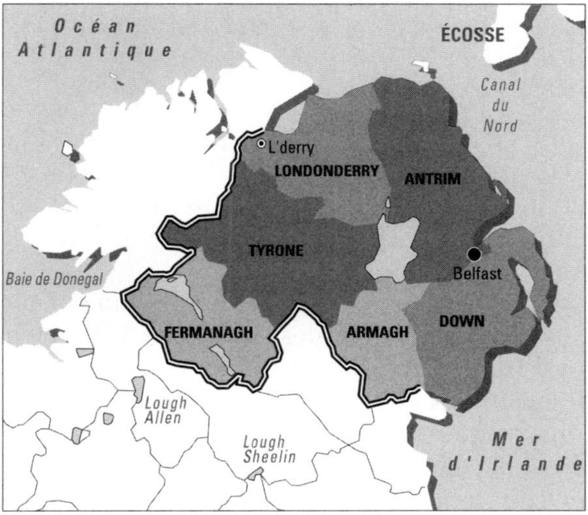

L'histoire de l'Irlande est longue, riche et infiniment complexe et son étude détaillée dépasserait le cadre de cet ouvrage[1]. Toutefois, cette analyse de la dévolution doit revenir sur quelques points forts du passé, tout en essayant de démêler, d'une façon concise, les différents fils qui tissent cette histoire et qui créent la situation actuelle.

Les premières colonisations

L'histoire des rapports entre l'Irlande et l'Angleterre commence au XIIe siècle, mais l'île est habitée dès la préhistoire. Les invasions celtiques entre le VIe et le Ier siècle av. J.-C. sont suivies

1. Voir la bibliographie pour de plus amples informations sur l'Irlande.

par d'autres : les Gaëls, également celtiques mais originaires du nord de l'Espagne, dominent le pays à la fin du IVe siècle de notre ère. Les légions romaines n'abordèrent jamais en Irlande mais le christianisme s'y installe vers la fin du Ve siècle et saint Patrick est réputé être l'évangélisateur du pays.

Suit un âge d'or, où les monastères irlandais deviennent des centres spirituels et culturels, que les invasions vikings entre le VIIIe et le Xe siècle ne détruisent pas. La conquête anglo-normande est scellée par un traité en 1175 : le roi Henri II y installe des barons, des colonisateurs qui s'approprient les meilleures terres. Le pays bénéficie d'une administration centralisée en quelque sorte et, à partir de 1297, dispose d'un Parlement, composé d'élus, avec, à sa tête un « *Lieutenant* », représentant le roi. Ce Conseil ne fonctionne que dans la région de Dublin, et au-delà de cette région, « *The Pale* », l'autorité du roi d'Angleterre est peu respectée.

Les tentatives de soumettre l'Irlande reprennent plus vigoureusement avec l'avènement des Tudors en 1485. Henri VIII se déclare roi d'Irlande en 1541, et dès lors commencent les questions religieuses. La Réforme (la rupture d'Henri VIII avec Rome, consommée en 1533 par l'établissement de l'Église d'Angleterre), et l'établissement de l'Église d'Irlande en 1560 par Élisabeth Ire divisent la population et accentuent les différences entre eux. Le protestantisme touche les classes officielles, les nouveaux colons des premières « plantations » et les populations anglicisées du « *Pale* ». À l'opposé il y a ceux qui restent fidèles au catholicisme : les chefs gaéliques, les Anglo-Irlandais, les classes paysannes et les basses classes des villes. Désormais les conflits prennent la couleur de la religion.

La politique des « plantations » commence à cette époque : des terres fertiles sont confisquées, surtout aux catholiques, et attribuées à des colons anglais. La « plantation » de l'Ulster, une des quatre provinces du pays, est particulièrement réussie. Des immigrants écossais, qui n'ont que vingt et un kilomètres à faire en bateau, arrivent en masse au début du XVIIe siècle. La majorité d'entre eux pratiquent le presbytérianisme, religion protestante nonconformiste. Toutes les classes sociales sont représentées dans ce groupe d'immigrés, et toute une communauté s'établit rapidement. Concentrée dans une zone bien précise, dans la partie nord-est de l'île, elle est perçue comme un groupe de privilégiés.

Cromwell, le « Protecteur » et régicide protestant, à présent devenu Gouverneur-général de l'Irlande, continue la politique de confiscation des terres. Cependant, la restauration des Stuarts et l'accession de Jacques II, le catholique, fait renaître les espoirs, mais la Glorieuse Révolution de 1688 ramène les protestants au pouvoir. Le gendre du roi, Guillaume d'Orange, hollandais et protestant, s'empare du pouvoir après une bataille décisive qui a lieu dans le nord de l'île sur les rives de la Boyne, le 1er Juillet 1690. L'importance de cette victoire est commémorée un siècle plus tard par la fondation en 1795 de l'Ordre d'Orange (*The Orange Institution*), société vouée à la défense du protestantisme et fidèle au personnage et à la politique de Guillaume III, qui continue de nos jours à marquer cette date par des cérémonies et des défilés.

Restrictions et révoltes nationalistes

Dans les quarante années qui suivent l'avènement de Guillaume III sont votées « les lois pénales », une série de lois restrictives contre les catholiques. C'est une discrimination religieuse destinée à humilier la majorité de la population : les catholiques sont désormais inéligibles, privés du droit de vote, exclus de bien des professions et privés d'éducation et d'écoles. Les limites qui leur sont imposées sont accompagnées de mesures prohibitives sur l'économie irlandaise, qui, en fait, frappent tous les habitants de l'île, quelle que soit leur appartenance politique, religieuse ou sociale. Ce sont les protestants qui réagissent : certains prennent le chemin de l'exil, vers les colonies américaines ; tandis que d'autres, de la minorité dirigeante, qui restent au pays, se trouvent réunis par des idées de nationalisme. Le XVIIIe siècle voit un grand nombre d'actions : agitations parlementaires et révoltes armées ; on peut nommer Henry

Grattan et Wolfe Tone, protestants tous les deux, parmi les nationalistes les plus ardents.

Le gouvernement anglais, qui doit faire face à la révolte des colonies américaines et à la menace de la France révolutionnaire, abroge certaines lois concernant le gouvernement de l'Irlande, et en janvier 1783 le Parlement irlandais obtient du Parlement de Westminster son autonomie législative. Néanmoins une insurrection en 1798, durement réprimée par les Anglais, est l'occasion de détruire le Parlement irlandais et d'écraser les tendances nationalistes. Par la suite, l'union législative et économique est votée par les deux chambres du Parlement irlandais en août 1800 et l'Acte d'Union entre en vigueur en 1801. Désormais l'Irlande envoie 100 députés (sur 558) et 32 pairs à Westminster, au parlement du Royaume-Uni, mais ces députés ne forment pas de parti nationaliste.

L'émancipation partielle des catholiques est obtenue en 1829, grâce en partie aux efforts de Daniel O'Connell, qui exige aussi la suppression de la dîme payée à l'Église anglicane et l'abrogation de l'Union. Mais le mouvement nationaliste connaît un ralentissement lors de la terrible crise de la grande famine (1845-1849).

L'économie irlandaise, exclusivement agricole ou presque, supporte mal une population croissante : en cinquante ans elle double et en 1841 l'île compte environ 8 millions d'habitants. Les minuscules fermes sont exploitées par des paysans tenanciers qui ont pour seule subsistance la pomme de terre dont la récolte est frappée par la maladie plusieurs années de suite. Exacerbés par l'épidémie et les politiques économique, sociale et non-interventionniste du gouvernement britannique, les effets démographiques de la crise sont catastrophiques. On estime qu'un million et demi d'Irlandais meurent et qu'un million émigrent. Au-delà du dépeuplement du pays, l'immigration, avant pendant et après le milieu du XIXe siècle crée une Irlande en exil, une union de sentiment et de nationalisme qui devient une source d'aide et de soutien dans les luttes intestines et contre les Anglais. En effet, c'est à New York, ainsi qu'à Dublin, qu'est fondée une société secrète, « La Confrérie républicaine irlandaise » (*The Irish Republican Brotherhood*), plus connue sous le nom de « Fenians », en 1858. Des attentats terroristes au Canada et en Angleterre ramènent l'attention des Anglais sur le problème irlandais.

L'IRB n'est pas le seul groupement de nationalistes et des sociétés secrètes se forment partout dans le pays ; l'organisation « Jeune Irlande » (*Young Ireland*) fait une tentative d'insurrection déjà en 1848. Mais ce sont les problèmes agraires qui sont à l'origine des premières concessions de la part du gouvernement britannique. Le *Land League*, groupe de pression créé en 1879, avec à sa tête Charles Parnell, se bat pour des réformes agraires, demandant, entre autres, des garanties face aux évictions, des baux plus généreux et des possibilités de crédits.

Du *Home Rule* à la République

À Westminster les Libéraux arrivent au pouvoir en 1868 et William Gladstone, leur chef, est Premier ministre. Gladstone est le premier à comprendre qu'il faut résoudre le problème irlandais et le premier à se battre pour une gestion nationale qui prend en compte les différentes composantes de l'union. Déjà en 1869 la loi de désétablissement ou de désofficialisation de l'Église d'Irlande est votée ; les catholiques n'ont plus la dîme à payer. Une première réforme agraire est votée en 1870. Mais c'est l'autonomie locale à l'intérieur du Royaume-Uni (*Home Rule*) qui attire l'attention et les énergies de Gladstone. Suite aux réformes électorales de 1884 et 1885 (extension du droit de vote) un projet de *Home Rule* est soumis à la Chambre des communes par trois fois.

Le premier projet, qui propose une dévolution des pouvoirs similaire au système qui sera adopté en 1997, est rejeté par les Communes en avril 1886, et Gladstone est vaincu lors des législatives cette même année. Le deuxième projet, qui ressemble au précédent, doit attendre 1893 lorsque les Libéraux reviennent au pouvoir. Cette fois-ci il est rejeté par les Lords. Les Libéraux gagnent les élections législatives en 1906 et 1910 et, après la réforme des Lords, qui ne disposent plus du veto absolu, un troisième projet est voté le 11 octobre 1912 recevant l'assentiment royal le 18 septembre 1914. Cependant, le Royaume-Uni est en guerre depuis six semaines et l'application de la loi est repoussée à la fin des hostilités.

La loi est votée dans un climat de crise sociale et économique. Une minorité d'Irlandais, désireux de maintenir l'union, ne souhaite pas se séparer de l'Angleterre. Cette minorité, concentrée dans l'Ulster, dans le nord-est de l'île, est composée pour la plupart de riches bourgeois protestants, propriétaires des usines, des fonderies et des chantiers navals. Pour eux, la fin de l'union signifie la fin de la prospérité. Dans l'Ulster l'Ordre d'Orange est ressuscité et l'unioniste Edward Carson organise une résistance militaire au *Home Rule*. Le mécontentement social est accompagné de grèves et la tension monte entre unionistes et nationalistes. Le groupe *Sinn Féin*, fondé en 1905, se trouve allié avec l'IRB (*Irish Republican Brotherhood*), l'Armée des citoyens (*Citizen Army*) et les Volontaires Irlandais (*Irish Volunteers*), mais tandis que certains Irlandais combattent du côté des Britanniques contre l'armée allemande en Europe, d'autres saisissent l'occasion et profitent des difficultés de Westminster. En avril 1916, à Pâques, lors d'une insurrection à Dublin, la République irlandaise est déclarée. Mal organisés et mal soutenus, les rebelles doivent capituler et quinze sont fusillés.

L'opinion publique en Irlande est mobilisée par ces événements au point que les insurgés condamnés à la réclusion perpétuelle sont amnistiés. Lors des élections législatives de décembre 1918, à la fin de la grande guerre, le *Sinn Féin*, mené par Eamon de Valera, emporte 73 sièges, mais les nouveaux députés refusent de siéger à Westminster et en janvier 1919 ils se constituent en un parlement révolutionnaire, le *Dáil Eireann*. De Valera est élu président de la République irlandaise et des volontaires sont organisés en une Armée républicaine irlandaise (*Irish Republican Army*) — l'IRA.

La guerre d'indépendance qui suit est une lutte sanglante entre les forces armées britanniques et les guérillas de l'IRA. Le

Premier ministre britannique, David Lloyd George, chef du Parti libéral comme Gladstone, présente à nouveau une proposition pour la division de l'Irlande. Dans le nord, six des neuf comtés de la province de l'Ulster forment l'Irlande du Nord et restent attachés à la Couronne d'Angleterre ; les autres vingt-six comtés composent l'Irlande du sud. Deux parlements sont prévus, un à Dublin, l'autre à Belfast et le traité de Londres est signé le 6 décembre 1921. L'État libre de l'Irlande du sud (*Irish Free State*) devient alors membre du Commonwealth en tant que « dominion », mais cette solution ne reçoit pas le consensus général. Néanmoins le parlement de l'Irlande du Nord est inauguré en 1921, et jusqu'en 1972 la vie de la province est gouvernée par le parlement bicaméral — une Chambre des communes avec 52 députés et un Sénat où les 24 sénateurs sont élus par les députés. Le Premier ministre et le cabinet jouissent de pouvoirs assez étendus mais restent sous l'égide du secrétaire d'État pour l'Irlande du Nord qui siège à Westminster. Environ un tiers de la population de la province est catholique.

La partition du pays est peu satisfaisante car elle n'accorde pas l'indépendance totale à l'Irlande et l'île ne connaît pas d'unité nationale. Dans l'État libre les nationalistes sont divisés profondément au point que la guerre civile éclate. L'IRA se soulève contre le gouvernement et les combats fratricides durent onze mois jusqu'à mai 1923. Une fois la paix rétablie, l'érosion des termes du traité de 1921 commence : le serment de fidélité au roi anglais est supprimé en 1933, par exemple. La constitution de l'État libre est révisée petit à petit et lors de la Seconde Guerre mondiale l'Irlande reste neutre. Après la guerre la République est proclamée le 18 avril 1949. Cette déclaration est entérinée par *l'Ireland Act* du 3 mai 1949 qui reconnaît aussi le départ de l'Irlande du Commonwealth, tout en accordant un statut spécial aux Irlandais en Grande-Bretagne. La déclaration de la République dans une île divisée mécontente un certain nombre, au sud comme au nord, qui ne voient pas là la fin de l'histoire.

La loi de 1949 garantit aux unionistes de l'Ulster des droits constitutionnels au sein du Royaume-Uni. Hostiles au traité de

Londres, ne voulant pas de parlement à Belfast, ils bénéficient maintenant d'un régime spécial. Les problèmes constitutionnels auxquels Westminster continue à faire face ne sont pas, en fait, ceux prévus par l'acte de 1920, lorsqu'on prévoyait que l'Irlande du sud tenterait de contourner les conditions de cette loi. En effet, c'est plutôt l'Irlande du Nord, le Stormont, qui se sert de son statut de gouvernement semi-autonome pour assurer la suprématie des unionistes, défiant l'autorité de Westminster. Les gouvernements britanniques successifs ferment les yeux sur la situation et la population britannique en général l'ignore.

L'Irlande du Nord

L'Irlande du Nord a donc connu la dévolution plus de 70 ans avant l'Écosse et le pays de Galles mais les conditions de son application à Belfast ne sont pas les mêmes qu'à Édimbourg ou à Cardiff, car ici l'autonomie n'est pas la solution à des revendications nationalistes. Au contraire, le désir des unionistes de maintenir les relations avec la Grande-Bretagne les oblige à accepter l'autonomie que Westminster leur impose, et l'histoire de la province au XXe siècle est complexe aussi, conforme au passé. Mais, à la différence de l'Écosse et du pays de Galles, c'est aussi une histoire marquée par la violence et des tensions extrêmes, où des milliers de personnes meurent.

En 2000, environ la moitié de la population de 1,7 million vivent dans l'est de la province, autour de Belfast. 54 % d'entre eux se considèrent protestants, 42 % se disent catholiques, et dans l'ensemble, c'est une population plus jeune que celle de toutes les autres régions du Royaume-Uni : il y a davantage d'enfants qu'ailleurs et moins de retraités.

Du « *Home Rule* » à l'administration directe

D'abord, les différences conflictuelles entre les deux communautés en Irlande du Nord sont exacerbées par la partition de l'île en deux États, séparés par une frontière, longue de 488 kilomètres. Les protestants, minoritaires dans l'ensemble du pays, sont ici majoritaires. La vie politique dans la province ne suit pas les groupements traditionnels mais reflète plutôt les divisions sectaires. Le Parti Unioniste d'Ulster (*Ulster Unionist Party*) détient le pouvoir à Stormont, le château où siège le Parlement et la discrimination contre les catholiques dans tous les domaines, emploi, éducation, logement, droit sociaux et civiques, non seulement est flagrante, mais est aussi ignorée par le pouvoir à Westminster et la population britannique en général. Les circonscriptions électorales sont définies afin d'avantager les unionistes et les deux forces de l'ordre sont armées, à la différence du reste du Royaume-Uni, tandis que leurs membres sont recrutés exclusivement au sein de la communauté protestante. De plus, une sorte de « guerre froide » isole la province de la République au sud.

Au début des années 60 un programme de réformes, surtout des droits civiques, est entamé. Son lent progrès est marqué par la violence inter-communautaire et les émeutes. L'armée britannique arrive au secours du gouvernement mais la situation se dégrade au point que, après les événements du « dimanche sanglant » (*Bloody Sunday*) le 30 janvier 1972, le Premier ministre britannique, le conservateur Edward Heath, doit suspendre le parlement de Stormont, le 24 mars 1972.

Les années 70 et 80 sont marquées par les scissions politiques et la multiplication des groupes armés et leurs ailes politiques, du côté nationaliste comme du côté loyaliste. Ces décennies sont aussi caractérisées par les conférences, les accords et les attentats terroristes. En décembre 1973 l'accord de Sunningdale confirme la création d'un exécutif nord-irlandais interconfessionnel (*power sharing*) à une seule chambre : le Sénat disparaît. Cet accord reconnaît que Dublin a un rôle à jouer dans l'administration de la province et les deux gouvernements tentent de mettre en place un nouveau système exécutif (*Northern Ireland Executive*). Il ne dure que cinq mois, saboté par une grève générale menée par des militants loyalistes.

Le gouvernement britannique est maintenant décidé à ce que le partage du pouvoir soit la caractéristique primordiale des institutions en Irlande du Nord. C'est donc pour cette raison, en partie, que les efforts pour établir une convention constitutionnelle entre 1975 et 1976 échouent car la majorité des délégués loyalistes veulent revenir à l'ancien système. Tous les groupes concernés multiplient les efforts : le gouvernement britannique adopte plusieurs mesures d'urgence pour combattre le terrorisme ; les organisations pour les droits civiques militent pour leurs causes et la lutte armée entre nationalistes/catholiques et unionistes/protestants et contre le pouvoir britannique est exportée à nouveau en Angleterre. Une sorte de dévolution par étapes (*rolling devolution*) est proposée en 1982 où les transferts des pouvoirs se feraient les uns après les autres, mais cette idée échoue elle aussi, faute du soutien des nationalistes.

L'Accord anglo-irlandais (ou *Hillsborough Agreement*) de novembre 1985 est signé par le Premier ministre britannique, Margaret Thatcher, et le Premier ministre irlandais (le *Taoiseach)*, Garret Fitzgerald, et reconnaît que la République a un rôle à jouer dans la quête d'une solution. Cette fois-ci les loyalistes se trouvent marginalisés. La violence et les tueries continuent.

En décembre 1993 le Premier ministre John Major et son homologue Albert Reynolds signent une déclaration conjointe (*The Downing Street Declaration*) qui souligne qu'aucun changement constitutionnel n'aura lieu dans la province sans l'approbation de la majorité de sa population. Un cessez-le-feu dans les deux camps opposés (août 1994) est le cadre du début du processus de paix (*peace process*). Une équipe internationale, l'ancien sénateur américain George Mitchell à sa tête, prévoit un programme de négociations et de démilitarisation par étapes. John Major préfère une autre stratégie, destinée à apaiser les unionistes, et lance des élections à un forum où l'on débattrait une future Assemblée. L'IRA Provisoire (groupuscule dissident) met fin au cessez-le-feu à Londres et à Manchester en février 1996 et en Irlande du Nord en octobre et l'initiative de John Major est abandonnée.

Du 1er mai 1997 à ce jour

Lors des élections législatives en mai 1997 le parti travailliste gagne massivement dans le Royaume-Uni : 419 sièges sur 659 (voir tableau 1.2.). L'Irlande du Nord est représentée à Westminster par 18 députés : 13 sièges sont enlevés par des partis loyalistes contre 5 sièges pour les groupements opposés. Le secrétaire d'État, une femme, Mo Mowlam, ressuscite le processus de paix. Les négociations reprennent, dirigées par le sénateur Mitchell, avec l'appui du président Clinton, et en avril 1998 on annonce l'Accord du Vendredi Saint ou Accord de Belfast (*Good Friday Agreement/Belfast Agreement*). Les unionistes, menés par David Trimble, et le Sinn Féin, représenté par Gerry Adams, sont d'accord, à priori, sur un certain nombre de conditions, y compris la libération de prisonniers « politiques » ou paramilitaires, le désarmement, et la mise en place d'une Assemblée et d'un partage des pouvoirs.

Le 22 mai 1998 un référendum sur ces propositions a lieu dans toute l'île. 91 % des votants dans la République sont favorables tout comme 71 % des électeurs en Irlande du Nord. Mais à peine 50 % des loyalistes sont en faveur. Les élections ont lieu le 25 juin 1998 et les membres de la NIA (*The Northern Ireland Assembly*) se réunissent pour la première fois en juillet 1998. Il semble alors, qu'après des années de violence (« *The Troubles* ») la province soit en passe de connaître la paix.

L'Ulster continue à élire des députés au gouvernement de Westminster. En 2001 les protestants continuent à dominer cette élection malgré la poussée du Sinn Féin, dont les élus ne siègent pas à Londres car ils refusent de jurer fidélité à la Couronne. Le secrétaire d'État pour l'Irlande est toujours membre du gouvernement britannique ; parmi les responsabilités qui lui restent : la sécurité.

2.1. Élections législatives 7 juin 2001, Irlande du Nord

Parti	Nombre de sièges	Progrès depuis 1997	% des votes
Parti unioniste d'Ulster (UUP)	6	-4	26,8
Parti démocratique unioniste (DUP)	5	+3	22,5
Sinn Féin	4	+2	21,7
SDLP (Parti travailliste social-démocrate)	3	0	21,0
Autres	0	-1	8,0

L'Assemblée de l'Irlande du Nord

La loi de 1998 (*Northern Ireland Act 1998*), qui entérine l'accord, prévoit les structures qui seront mises en place et réitère les garanties constitutionnelles. Elle abroge aussi la loi de 1920, ainsi que d'autres lois (1973, 1974 et 1982) concernant le gouvernement de la province. Les élections ont lieu en juin 1998 et l'Assemblée se réunit pour la première fois le 1er juillet. Elle est vite ajournée car les élus unionistes refusent de participer. Après maints débats et négociations à nouveau, les membres reprennent leur place le 2 décembre 1999.

2.2. La répartition des sièges dans l'Assemblée nord-irlandaise, juin 1998

Votants : 1 178 556

Parti	Nombre de sièges	% des voix	Premier choix
Sinn Féin	18	17,65	142 858
SDLP (Parti travailliste social-démocrate)	24	21,99	177 963

Coalition des femmes (NIWC)	2	1,61	13 019
Alliance (APNI)	6	6,50	52 636
Parti unioniste d'Ulster (UUP)	28	21,28	172 225
Parti unioniste progressiste (PUP)	2	2,55	20 634
Unionistes du Royaume-Uni (UKU)	5	4,52	36 541
Divers unionistes	3	4,46	36 090
Parti démocratique unioniste (DUP)	20	18,03	145 917

L'Assemblée est composée de 108 membres, connus sous le titre de MLAs (*Members of the Legislative Assembly*), élus dans chacune des 18 circonscriptions parlementaires pour une période fixe de quatre ans. Le mode de calcul pour l'application du système de la représentation proportionnelle est celui qu'a mis au point le juriste belge, Victor d'Hondt (1841-1901).

Les électeurs votent pour une liste de candidats, et c'est le nombre de voix que gagne le parti qui est pris en compte, et non le nombre de voix que gagne chaque candidat. Il n'y a pas de transfert de vote.

La distribution des postes ministériels est aussi faite d'après la formule de d'Hondt. Les ministères sont classés par ordre d'importance et distribués selon le nombre de voix obtenues (après certains calculs détaillés), chaque ministre étant assisté par un comité de 11 membres, dont le président et le vice-président sont aussi mis en place d'après la méthode d'Hondt. Le partage du pouvoir est donc équitable mais le candidat le plus apte ne se trouve pas forcément là où il pourrait le mieux agir.

L'Assemblée, sous l'autorité du Président (*Presiding Officer*), Lord John Alderdice, est composée d'un comité exécutif et de dix ministères, avec à sa tête, le Premier ministre (*First Minister*) et le vice premier ministre (*Deputy First Minister*), une dyarchie qui détient le pouvoir conjointement. Ils bénéficient d'un statut quasi-présidentiel car ils sont élus selon un processus où les deux communautés représentées doivent proposer un candidat acceptable à l'autre groupement. David Trimble, chef du UUP, (*Ulster Unionist Party* — les protestants modérés), est élu avec Seamus Mallon, chef du parti travailliste social-démocrate (SDLP). Ils ne peuvent pas être destitués par l'Assemblée ; en outre, ils ne nomment pas les ministres de l'Assemblée. Ceux-ci sont nommés proportionnellement au nombre de voix obtenues par leur parti. L'idée du partage des pouvoirs (*power-sharing*) sous-tend tous les dispositifs concernant le gouvernement de la province. Des règles de vote qui visent à empêcher la tyrannie de la majorité sont adoptées, donc désormais certaines décisions importantes demandent un consensus inter-communautaire pour être votées et non une simple majorité des voix. D'ailleurs les membres doivent simplement prêter serment et ne sont plus obligés de jurer fidélité à la Couronne.

Les pouvoirs dévolus de l'Assemblée concernent les domaines suivants : le commerce ; les finances ; le développement régional ; l'éducation ; la culture et les loisirs ; l'emploi ; le développement social ; la santé et les services sociaux ; l'environnement et l'agriculture.

Comme l'Assemblée galloise, elle n'a pas d'autonomie fiscale et ne peut pas prélever d'impôts. La sécurité, la défense, la taxation et la politique étrangère restent du ressort du secrétaire d'État.

L'accord de 1998 reconnaît aussi la dimension irlandaise. D'un côté la République modifie ses revendications concernant l'ensemble de l'Irlande et accepte un objectif d'unité sous réserve du consentement de la majorité de l'Irlande du Nord. Quant aux unionistes, ils acceptent ce que prévoit l'accord : l'établissement d'un Conseil ministériel nord-sud (*North-South Ministerial Council*) où des représentants des deux gouvernements se rencontreraient afin de gérer par consensus tous les domaines d'intérêt commun (par exemple, les voies d'eau, le développement de l'industrie et du commerce, la promotion de la langue gaélique, un programme de coopération spéciale avec l'Union européenne…).

Un deuxième organisme relie l'Irlande à la Grande-Bretagne : le Conseil des îles irlando-britanniques (*The British-Irish Council*). Cette institution réunira des représentants de Westminster et de Dublin ainsi que des délégués de l'Assemblée nord-irlandaise, du Parlement écossais, de l'Assemblée galloise, des îles Anglo-Normandes, de l'île de Man, et, éventuellement des envoyés anglais, afin de débattre des sujets d'intérêt mutuel.

Ces deux institutions, ainsi que l'Assemblée elle-même, sont acceptées par les deux camps pour des raisons différentes : pour les unionistes, les liens avec d'autres institutions dévolues sont rassurants. Ainsi, on ne s'approche pas de la question de l'unification de l'île. L'expansion démographique, et donc politique, des catholiques est donc enrayée pour l'instant. Quant aux nationalistes, ils obtiennent l'égalité politique et l'éventuelle réunification de l'île n'est pas complètement exclue.

C'est donc une infrastructure nouvelle et innovatrice, dont le caractère biconfessionnel tente de dépasser ou de contourner le conflit historique entre les deux communautés. En outre, les possibilités de boycottage et d'obstruction des processus sont réduits au minimum.

L'économie de l'Irlande du Nord

Pendant de longues années la province bénéficie d'une prospérité inconnue de l'autre côté de la frontière. Ce n'est que vers la fin du XXe siècle que l'économie de la République commence à croître. L'industrie lourde en Ulster est représentée par les chantiers navals, tels que Harland and Wolff. Cette industrie est surtout au service de la défense nationale et la rade de Belfast connaît son heure de gloire à l'époque victorienne, et encore pendant la Seconde Guerrre mondiale. L'industrie textile, surtout le travail du lin, est la première industrie régionale par le nombre d'emplois jusqu'aux années soixante. Le secteur économique reflète les divisions religieuses de la communauté : le patronat est protestant et les meilleurs emplois, par exemple aux chantiers navals, sont réservés aux protestants.

Néanmoins l'Irlande du Nord n'est pas aussi prospère que le reste du Royaume-Uni. Le taux de chômage y reste plus élevé, et même en 2000 il s'élève à 7,2 % comparé aux 6,2 % en Grande-Bretagne. Chez les catholiques le pourcentage de chômeurs est traditionnellement trois fois plus élevé que chez les protestants. Les crises économiques de la fin du XXe siècle n'épargnent pas la province et à partir des années soixante-dix le gouvernement britannique reconnaît les besoins spécifiques des nord-irlandais. Alors commence un programme d'aide et de subventions pour établir de nouvelles industries légères (électronique, informatique, pièces pour automobiles...) et attirer des investisseurs étrangers.

Actuellement le développement industriel en Irlande du Nord est soutenu et promu par plusieurs organismes. Le Fonds international pour l'Irlande (*International Fund for Ireland*), fondé en 1986 par les gouvernements à Westminster et à Dublin, reçoit des subventions de la part de donateurs tels que l'Union européenne, les États-Unis, le Canada, etc. L'Union européenne verse environ £1,3 milliards en subventions, échelonnées entre 2000 et 2006. La Communauté européenne reconnaît la spécificité des problèmes de l'Irlande du Nord et pendant la période 1995-1999 une somme de £200 millions, en provenance de l'UE, est octroyée à un programme spécial pour la paix et la réconciliation. Toutes ces subventions sont destinées au développement des entreprises, à l'emploi, au tourisme, au renouvellement urbain et rural, etc. avec un certain pourcentage réservé aux zones frontalières et aux développements transfrontaliers (*cross border development*). Toutes ces sommes sont à ajouter aux £8,4 milliards annuels, montant de l'ensemble des fonds octroyés à l'Irlande du Nord par le gouvernement britannique. La stratégie économique de la province est le sujet de recherches approfondies menées par un comité composé d'experts, surtout issus du secteur privé. Les recommandations de son rapport, *Strategy 2010*, seront prises en considération par l'Assemblée.

Post-scriptum

Plusieurs problèmes empêchent le bon fonctionnement de l'Assemblée car le processus de paix n'a pas tout à fait abouti. Les questions sensibles qui bloquent le processus de paix sont le désarmement, la réforme de la police et la démilitarisation de la province. Le contentieux principal porte sur le désarmement de l'IRA. C'est une condition préalable à toute négociation, néanmoins des dates butoirs sont remises plusieurs fois et l'accord de Pâques 1998 est signé. L'IRA veut davantage de concessions de la part de Westminster, telle que la démilitarisation complète de l'Ulster, mais son refus persistant de rendre ses armes provoque la colère des unionistes puisque l'esprit de l'accord n'est pas respecté.

Le général canadien, John de Chastelain, président de la commission internationale sur le désarmement, doit annoncer qu'aucun groupe n'a déposé les armes. Donc, le 12 février 2000, après 72 jours de gouvernement dévolu, l'Assemblée est suspendue par le secrétaire d'État, Peter Mandelson, et la province est gouvernée à nouveau depuis Londres. Ainsi, on espère empêcher la démission des membres unionistes et la chute du gouvernement nord-irlandais par la suite. Le 29 mai l'Assemblée reprend ses fonctions suite à l'engagement de l'IRA de mettre ses armes « hors d'usage » de manière permanente et vérifiable. Mais cette promesse ne se réalise pas et le Premier ministre, David Trimble, prix Nobel de la paix en 1998 avec John Hume du SDLP, démissionne le 1er juillet 2001. Les institutions régionales sont suspendues de nouveau le 11 août : une suspension symbolique qui ne dure que 24 heures. C'est une pirouette institutionnelle qui permet à Londres de donner un nouveau délai de six semaines aux partis nord-irlandais pour surmonter leurs divergences. Cette astuce permet aussi d'éviter de convoquer de nouvelles élections locales qui seraient peut-être fatales aux modérés des deux côtés.

Le secrétaire d'État, John Reid, a recours à la suspension « technique » de l'Assemblée en septembre 2001, mais la crise de confiance entre nationalistes et unionistes s'aggrave. En octobre 2002 l'IRA et Sinn Féin sont accusés publiquement de terrorisme et d'espionnage et les ministres unionistes démissionnent. Face à cette nouvelle impasse politique Westminster reprend les rênes de l'Irlande du Nord, mettant en hibernation le gouvernement et l'Assemblée de la province pour la quatrième fois.

Ainsi, les pourparlers reprennent entre Londres, Dublin et les principaux acteurs à Belfast. La dynamique de la paix reste forte jusque-là mais la violence au quotidien conduit les gens à Belfast et ailleurs à se désintéresser d'un règlement politique qu'ils estiment peu crédible.

Sites internet

DUP	www.dup.org.uk.
PUP	www.pup-ni.org.uk
SDLP	www.sdlp.ie
UUP	www.uup.org
Sinn Féin	www.sinnfein.ie
Gouvernement de la République d'Irlande	www.irlgov.ie
Conflict Archive on the Internet – CAIN	www.cain.ulst.ac.uk
Northern Ireland Assembly	www.ni-assembly.gov.uk
Northern Ireland Office	www.nio.gov.uk

Chapitre 3

L'ÉCOSSE

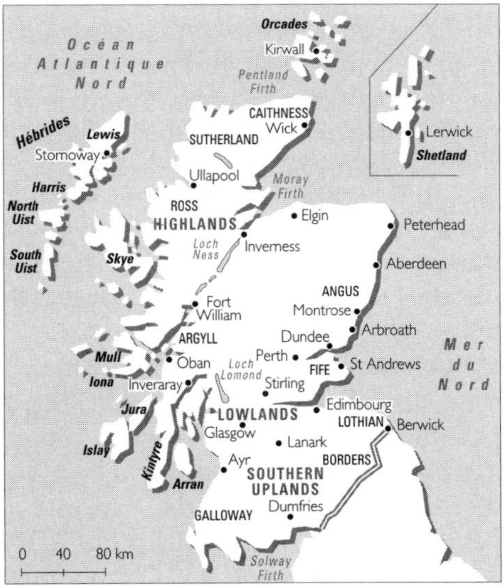

"The Scottish Parliament, adjourned on the 25th day of March in the year 1707, is hereby reconvened." Dr Winifred Ewing MSP, Mother of the Scottish Parliament le 12 mai 1999

Les origines

Les premières populations pré-celtiques à s'établir en Écosse nous laissent quelques traces de leur passage, notamment des demeures en pierre qui subsistent encore aujourd'hui. Ces hommes de la pré-histoire sont menacés par différents envahisseurs, dont les membres d'une des premières tribus, les Caledonii, qui s'installent à l'Est du pays au VIe siècle av. J.-C.

D'autres peuples, les Pictes et leurs cousins, les Bretons, s'établissent ensuite au sud du pays. Les légions romaines, arrivées en 44 avant notre ère, poussent vers le nord, mais ne parviennent jamais à dompter les habitants du nord de la Solway et ne vont pas plus au nord que la Clyde. Pour se protéger des attaques féroces des Celtes, les Romains élèvent deux murailles : le mur d'Hadrien, de la Solway à la Tyne, en 121, et le mur d'Antonin, plus au nord, de la Forth à la Clyde, en 140. C'est après le départ des légions romaines, au Ve siècle, que la tribu des Scots, venue du nord de l'Irlande, colonise la côte ouest. Toutes ces tribus parlent une langue celtique, l'ancêtre du gaélique irlandais et écossais. Un siècle plus tard arrivent les Angles, parlant une langue germanique. Leur royaume s'étend bien plus au sud : c'est la Northumbrie d'aujourd'hui. Dès la fin du Ve siècle ces peuples deviennent chrétiens et c'est de cette époque que datent les grands centres spirituels des îles d'Iona et de Lindisfarne.

À leur tour, les Vikings envahissent l'ouest et le nord du pays et colonisent les îles (les Orcades, les Hébrides, les Shetlands et Man) au VIIIe siècle. Au siècle suivant, en 843, le roi Scot Kenneth MacAlpin établit son royaume à l'est du pays, profitant du désarroi occasionné par les raids scandinaves. Le royaume s'appelle Alba, et s'appellera ainsi jusqu'au XIIIe siècle. La couronne écossaise fait alliance avec les Danois durant le Xe siècle, face aux Anglais, et c'est à cette époque qu'on voit émerger une polarisation entre le nord et le sud de la grande île britannique d'où émergent le royaume d'Écosse et le royaume d'Angleterre.

La monarchie écossaise n'est pas évincée par les Normands, contrairement à celle de l'Angleterre d'après 1066. En fait, les Normands d'Angleterre soutiennent le roi d'Écosse à plusieurs reprises, pour qu'il affirme son autorité sur les différents peuples de son royaume. Parmi les rois d'Écosse à cette époque on peut noter Macbeth, chef de Moray et roi d'Écosse, 1040-1057. Pendant presque deux cents ans le pays connaît une certaine période de paix et de prospérité.

C'est à cette période, au XIIe siècle, que remontent les origines du Parlement écossais : le souverain bénéficie de l'aide de plusieurs conseils ou comités qui, réunis, deviennent le Parlement, appelé ainsi pour la première fois en 1235.

La couronne est stable jusqu'à la mort de la jeune reine Marguerite en 1290 lorsque Édouard Ier d'Angleterre est invité à arbitrer entre les divers prétendants. Édouard nomme John Balliol, exigeant qu'il lui fasse allégeance. Devant les demandes accrues d'Édouard, John, humilié, fait alliance avec le roi Philippe IV de France. Ainsi commencent les guerres de l'indépendance. Édouard gagne les premières batailles et en 1296 ce « bourreau des Écossais » (*Hammer of the Scots*) enlève la très précieuse et symbolique pierre de Scone, la pierre sur laquelle se faisaient couronner les rois d'Écosse. Mais la victoire des Anglais ne dure pas et parmi les chefs écossais qui s'opposent à Édouard il faut nommer William Wallace, vainqueur de la bataille de Bridge en 1297. Balliol fuit en France et Robert Bruce devient roi, sous le nom de Robert Ier. Les troupes d'Édouard II d'Angleterre sont battues à Bannockburn en 1314 et en 1320, à Arbroath ; dans une lettre adressée au pape Jean XXII, les barons écossais proclament l'indépendance du royaume. Depuis, ce document est souvent décrit comme la Déclaration d'indépendance écossaise.

Le Parlement écossais

Dès 1357, le Parlement écossais est connu sous le titre des « Trois États » (*three estates* ou *tres communitates*), qui sont, en fait, trois groupes : les nobles laïcs, les membres supérieurs du clergé et les commissaires des bourgs. Les pouvoirs du Parlement écossais sont délégués à un certain nombre de ces comités qui assument les tâches principales). Les recommandations de ces comités sont acceptées par le Parlement lorsque les membres siègent en séance plénière. En effet, c'est le souverain qui contrôle la sélection des membres des comités ; l'influence royale sur le Parlement est donc significative et souvent décisive. Un de ces comités est une sorte de cour d'appel car il peut renverser les décisions prises par les cours de justice. D'autres centres d'activité politique sont le Conseil privé du roi (*Privy Council*), qui ressemble au Cabinet gouvernemental de nos jours, et la Convention des bourgs royaux (*Convention of Royal Burghs*), représentant les intérêts des municipalités. Avant la fin du XVIe siècle le Parlement se réunit là où le roi l'ordonne. Ce n'est qu'en 1641 que les États possèdent un lieu de réunion fixe lorsqu'ils se réunissent pour la première fois à Parliament House, à Édimbourg.

Jusqu'à la fin du XVe siècle les Écossais connaissent des querelles intestines mais ne souffrent pas d'invasions de la part des troupes anglaises, occupées ailleurs, en France et aussi par la première guerre civile, dite « guerre des Deux-Roses ». Le pays connaît un épanouissement culturel et une première loi sur l'éducation est votée par le Parlement écossais, sous Jacques IV, en 1496.

Les querelles de religion

Comme à peu près partout en Europe occidentale, les idées nouvelles arrivent en Écosse et le protestantisme s'étend considérablement. La Réforme n'est pas accompagnée de violences mais elle est très favorisée par l'influence du prédicateur John Knox, élève de Calvin, qui condamne la corruption et les excès de l'Église catholique. Une nouvelle église presbytérienne est fondée, la *Kirk*, qui se veut démocratique. Son Assemblée générale se réunit une fois par an, et est composée de délégués élus par chaque paroisse. Elle est donc assez représentative du peuple écossais.

La nouvelle église est hostile à la jeune reine catholique, Marie Stuart. Celle-ci accède au trône à sa naissance mais ne retourne en Écosse qu'en 1561. Veuve de François II de France, elle est contrainte d'abdiquer en 1567, se réfugiant chez sa cousine, la protestante Élisabeth Ire d'Angleterre, qui la condamne à l'échafaud. Cependant, le Parlement écossais obtient de la reine Marie une indépendance : en 1560, exilée en France, elle permet au Parlement de se réunir pendant son absence et sans son consentement. On ne tarde pas à mettre à profit cette liberté : un an plus tard, c'est la rupture entre le Parlement écossais et Rome, et les membres du Parlement votent un certain nombre de mesures anti-catholiques.

À la mort d'Élisabeth, le fils de Marie Stuart, Jacques VI d'Écosse, monte sur le trône anglais, sous le nom de Jacques Ier d'Angleterre et les deux couronnes, écossaise et anglaise, sont unies en 1603. Cependant, les deux pays restent indépendants ; chacun conserve son Parlement, son Église et ses lois. Ce roi protestant s'installe à Londres, mais il réussit à gouverner l'Écosse à distance, assuré du soutien du conseil privé (*Privy Council*) et de l'Assemblée générale de la *Kirk*, qui grandit en puissance et en influence. Un accord national (*The National Covenant*) cherche à conserver le presbytérianisme comme religion officielle et à préserver l'indépendance du Parlement et le libre discours.

Le fils de Jacques Ier, Charles Ier, se trouve en guerre contre les Écossais à deux reprises entre 1639 et 1640, lorsqu'il tente de modifier la liturgie de la *Kirk*. Donc, quand la guerre civile éclate en Angleterre, de 1642 à 1651, liés comme ils le sont par un accord formel (*The Solemn League and Covenant*, 1643), adopté par les Parlements écossais et anglais pour défendre et propager le presbytérianisme, les Écossais se battent du côté des révolutionnaires protestants, menés par Oliver Cromwell. En gros, ce conflit constitutionnel anglais oppose les protestants qui luttent pour la souveraineté du Parlement anglais à Westminster, et les catholiques royalistes. L'exécution du roi en 1649 et l'abolition de la monarchie sont décidées par le Parlement anglais. C'est une décision qui conduit le Parlement écossais, tenu à l'écart, non consulté et outré, à changer de côté ; il ne tarde pas à reconnaître le roi Charles II, qui débarque en Écosse pour continuer la lutte. Mais Cromwell envahit l'Écosse et l'incorpore dans son Commonwealth en 1652, obligeant le roi à fuir en France. Cependant, cette union ne dure pas et lors de la restauration de la monarchie en 1660 elle est abolie. L'Écosse et son Parlement regagnent leur autonomie.

Les querelles religieuses se poursuivent en Écosse ; soulèvements et sanglantes répressions continuent. La situation s'aggrave lors de l'accession de Jacques II, qui, catholique et autoritaire, s'aliène très vite le Parlement anglais. Il est contraint d'abdiquer moins de trois ans plus tard et le Parlement anglais offre la couronne à son neveu, Guillaume d'Orange, et son épouse, Marie, la fille de Charles II. Cette « révolution » paisible (*The Glorious Revolution*) de 1688-89 est l'occasion de violences en Écosse, tout comme dans le nord de l'Irlande parce que le Parlement anglais a, encore une fois, agi seul, sans consulter les instances du pouvoir excentrées. Il faut négocier pendant une année pour régler les rapports entre les souverains, le Parlement écossais et la *Kirk* presbytérienne ; la suprématie religieuse de cette dernière est restaurée. Le mot « *Whig* », d'origine écossais, est employé à partir de cette période pour désigner les presbytériens écossais, et, par extension, les supporters du Parlement et du protestantisme.

Néanmoins, après 1690, le parlement écossais bénéficie d'une certaine autonomie, il crée la Banque d'Écosse et établit l'Église d'Écosse comme religion officielle, favorisant ainsi le développement de l'enseignement qui lui est lié.

Tensions et scissions

Mais les Écossais ne sont pas tous solidaires ni en politique ni en religion. La structure sociale du pays est très complexe et son organisation reflète, plus ou moins, la géographie du pays. On parle en général des Basses-Terres (*Lowlands*) au sud et des Hautes-Terres (*Highlands*), même si la topographie est, en réalité, plus complexe. Les meilleures terres se trouvent dans les Basses-Terres, ainsi que les ressources minières (charbon, sel, métaux…). Les propriétaires terriens (*lairds*), socialement inférieurs aux barons, vivent des loyers que leur versent les paysans tenanciers, et au cours du XVIIe siècle l'agriculture de subsistance cède petit à petit à une activité agricole qui s'avère rentable. Les quelques villes, Glasgow, Édimbourg, Aberdeen… ont chacune une dizaine de milliers d'habitants, les plus grandes villes étant des ports. Ces populations urbaines sont protestantes, pour la plupart, sous l'influence de la *Kirk*. La plupart d'entre elles parle l'écossais (le *Scots*), un dialecte de l'anglo-saxon, même si l'anglais commence à prendre le dessus, surtout pour tout ce qui est écrit ou imprimé.

Cependant, la société des Hautes-Terres est organisée autrement, la plus grande différence étant la présence de tribus plus ou moins familiales (*clans)* où les membres, porteurs du même nom, sont réunis autour d'un chef héréditaire. Ces communautés patriarcales ont un caractère martial, et les combats entre les clans ne sont pas rares. Ainsi, pour s'identifier sur le champ de bataille, les combattants portent un costume particulier, l'ancêtre du kilt. Les peuples des Hautes-Terres parlent le gaélique, très proche de la langue parlée en Irlande, et sont plutôt catholiques de confession. La Réforme ne touche guère les Hautes-Terres, et le harcèlement des gaélophones date de la fin du XVIe siècle lorsqu'en 1598 on autorise des massacres, des expulsions et des colonisations des îles aux Hébrides, afin d'isoler la population gaélique et catholique de ses cousins irlandais. Les premières « plantations » de l'Ulster par des protestants d'origine écossaise, datent de cette époque.

Les gens des *Highlands* restent fidèles aux rois Stuart, prêts à lever des armées pour soutenir les souverains catholiques. Guillaume d'Orange cherche à écraser toute opposition pour bien consolider sa position et en 1692 ordonne le massacre, à Glencoe, du clan MacDonald, qui tarde à lui faire allégeance. Le jacobitisme est renforcé par cet épisode, et la première moitié du XVIIIe siècle est marquée par d'autres soulèvements, durement réprimés.

Cependant, l'événement le plus catastrophique qui frappe l'Écosse à la fin du XVIIe siècle. n'est pas d'ordre militaire mais financier. Le Parlement écossais vote, en 1695, en faveur d'une société commerciale, la *Company of Scotland*. Celle-ci bénéficie d'un monopole colonial et commercial et tente d'établir une colonie écossaise à Darien, en Amérique centrale. Un grand nombre d'Écossais sont actionnaires de la société, et lorsqu'elle fait faillite ils sont ruinés. L'Écosse est à court de capital, la moitié du revenu national y passe et l'économie du pays est en ruines ; la situation est aggravée par la famine, les mauvaises récoltes et la dépendance par rapport à l'Angleterre comme premier marché pour les exportations.

L'Union de 1707

Les couronnes sont déjà unies, mais on a vu qu'il y a des raisons immédiates de renforcer l'union des deux pays. La situation économique de l'Écosse la pousse vers l'union politique avec sa voisine du sud. Quant aux Anglais, craignant le retour des Stuarts, ils espèrent en finir avec les questions de sécurité nationale à la frontière nord. Par le même biais, ils souhaitent régler le problème de la succession au trône. L'union dépend de l'assentiment du Parlement écossais, dont la session finale, le dernier débat, commence en octobre 1706 et se termine le 16 janvier 1707, lorsque les députés votent la dissolution permanente par 109 voix contre 69. Ratifié par le parlement à Westminster en mars 1707, le traité d'union parlementaire entre en vigueur le 12 mai 1707, et la reine Anne devient souverain d'un nouvel État, le Royaume-Uni de Grande-Bretagne. Le Parlement écossais est aboli et les Écossais (un million environ) sont représentés à Westminster par 45 députés et 16 pairs (ce qui est, en fait, une sous-représentation, les cinq millions d'Anglais et de Gallois étant représentés par 513 députés et 190 pairs). En échange d'une autonomie interne, les Écossais acceptent que la succession passe à la maison de Hanovre, et que le souverain britannique soit toujours protestant.

Les Écossais conservent trois institutions nationales, plus sociales que politiques, il est vrai : la *Kirk* presbytérienne, connue sous le nom d'Église d'Écosse (*Church of Scotland)*, préserve ses structures et ses droits. Le nouvel État britannique a donc deux religions officielles : l'Église anglicane et l'Église presbytérienne. Rappelons que la *Kirk*, avec son Assemblée générale, est majoritaire dans le pays et est plus représentative des Écossais que les élus parlementaires.

Le système éducatif qui en dépend reste en place, et la qualité de l'enseignement en Écosse, de l'école primaire à l'université, a toujours été reconnue et l'est encore aujourd'hui.

Le droit écossais et le système juridique sont sauvegardés aussi. Fondés sur le droit romain, et non sur le droit coutumier comme en Angleterre, ils restent distincts jusqu'à nos jours, même lorsque le Conseil privé écossais est aboli en 1708 et que la Chambre des lords à Londres devient la cour d'appel supérieure pour l'Écosse comme pour l'Angleterre et le pays de Galles. Du point de vue économique, l'Écosse bénéficie du libre échange commercial établi entre le « *North Britain* » et le « *South Britain* », et les Écossais ont accès désormais aux marchés coloniaux anglais.

Bien entendu, l'Union de 1707 et le maintien des systèmes ecclésiastique, éducatif et juridique nationaux satisfait une partie de la population. Cependant, nous avons vu que les parlementaires ne représentent pas la majorité de l'opinion écossaise. Des manifestations de mécontentement et des émeutes montrent que l'opinion populaire n'est pas d'accord avec l'Union. Mais, malgré des accusations de corruption, le traité est vu comme le seul moyen possible pour l'Écosse de survivre, pour éviter un bain de sang et ne pas être victime d'une simple annexion.

Néanmoins, les catholiques et les jacobites, fidèles à la dynastie Stuart, et certain clans des Hautes-Terres, continuent la lutte. Les rebelles espèrent profiter du fait que la Grande-Bretagne est impliquée dans des guerres en Europe. Les soulèvements jacobites de 1715 et 1719, mal organisés et souffrant de divisions entre les clans, tournent à l'échec. Lors du soulèvement de 1745, les insurgés se rangent derrière le Prince Charles-Édouard Stuart, et ils gagnent certaines victoires militaires. Mais la terrible défaite à Culloden en avril 1746 et la répression meurtrière qui la suit, dirigée par le duc de Cumberland, enterrent les espoirs indépendantistes pendant de très longues années. Le costume traditionnel et la cornemuse sont interdits et le clanisme est écrasé.

L'épanouissement de l'Écosse

Le traité d'Union signé, les Écossais peuvent consacrer leurs énergies au commerce et à l'industrie ; le développement culturel et l'épanouissement intellectuel accompagnent l'essor économique que l'Écosse connaît dès le début du XVIIIe siècle.

La révolution agricole dans le sud du pays voit la rationalisation et l'amélioration des terres fertiles. Le développement de l'agriculture est important, surtout en vue de l'augmentation de la population, qui passe de 1,25 million environ en 1755 à 2,3 millions en 1831. Les grands propriétaires terriens profitent de cette commercialisation mais les loyers sont élevés pour les paysans tenanciers, et ces derniers quittent la campagne progressivement pour travailler à l'usine et vivre en ville. La révolution industrielle en Écosse est financée par les investissements que font les négociants et les hommes d'affaires, qui font fortune dans les nouvelles colonies britanniques. Elle est favorisée par les banques d'affaires privées fondées à cette époque. Le progrès technologique et la mécanisation transforment les industries traditionnelles du lin et de la laine et la nouvelle industrie de la filature du coton. Le développement des transports (les routes et les canaux, et plus tard le chemin de fer) et la construction de ports, tels que Greenock et Glasgow, permettent l'expansion rapide des industries du charbon et de la métallurgie.

La distribution de la population change : il y a une migration interne vers le sud et en 1821 un tiers de la population vit en ville ; cette urbanisation continue jusqu'au début du XXe siècle, où la moitié des Écossais habitent dans une agglomération. Cette migration se fait sur fond d'émigration massive, surtout vers le Canada et l'Amérique. Pendant près d'un siècle, à partir des années 1760, les émigrants partent parce qu'ils sont victimes d'évictions systématiques. Les expulsions des paysans sont dues aux loyers trop élevés qu'ils ne peuvent pas payer et à l'introduction de l'élevage de moutons à grande échelle, qui prive les tenanciers de leurs terres agricoles. Les évictions frappent surtout les populations gaélophones des Hautes-Terres et des îles (*Highland Clearances*). Parmi les émigrants il faut compter aussi tous ceux qui sont affectés par la disparition du marché du varech, par le déclin de l'industrie lainière et par l'expropriation des terres afin de planter d'énormes parcs et forêts pour la chasse aux cerfs.

Plus tard, l'Écosse connaît une forte immigration, surtout irlandaise, mais le solde migratoire montre un déficit d'un million à la fin du XIXe siècle. Encore une fois les immigrés sont identifiés par leur religion : les trois-quarts sont des ouvriers catholiques, la majorité installée à Glasgow à partir de 1840, et les autres dans les îles, notamment aux Hébrides ; les autres, presbytériens, sont des ouvriers qualifiés et s'installent en Écosse de l'Ouest. L'Ordre d'Orange arrive ainsi en Écosse, où il est encore implanté aujourd'hui (voir chapitre 2). Pourtant, l'Église établie, la *Kirk* presbytérienne, va perdre presque la moitié de ses fidèles au milieu du XIXe siècle lors d'une sécession, lorsque l'Église libre (*The Free Kirk*) est établie, suite aux querelles concernant le rôle de l'État dans la vie de l'Église. Réconciliées depuis 1929, néanmoins, elles engendrent plusieurs églises « libres », souvent très conservatrices et moralisatrices.

L'industrie textile connaît un déclin pendant le XIXe siècle tandis que l'industrie lourde, y compris les chantiers navals, est en plein essor ; on dit alors que l'Écosse est l'atelier de l'Empire britannique. Tandis qu'en 1851, deux ouvriers sur trois travaillent dans l'agriculture ou dans les industries textiles, à la veille de la Première Guerre mondiale la structure de l'emploi est très différente : sur 1,8 million de travailleurs, plus d'un million travaillent dans la métallurgie, les mines et le secteur tertiaire. L'Empire britannique est étayé aussi par le grand nombre d'hommes qui s'engagent dans les régiments écossais.

Nationalisme et identité

Au XVIIIe siècle, des philosophes tels que David Hume et Adam Smith, connus à travers l'Europe, et d'autres auteurs, comme Bothwell, Smollet et Thomson, profitent de l'Union de 1707 pour faire carrière à Londres. À cette époque, ces grands écrivains font un très grand effort pour purger toute trace de la langue écossaise de leurs écrits. Paradoxalement, d'autres auteurs, tels que le poète « national », Robert Burns, connaissent un très grand succès en s'appuyant non seulement sur les traditions et les mythes du pays, mais aussi en exploitant leur langue, le « *Scots* », méprisée ailleurs au point que l'on édite des ouvrages destinés à aider tout écrivain et orateur à extirper les scotticismes de son discours.

Le *Scots* est parlé surtout dans les Basses-Terres, (d'où son deuxième nom de « *Lallans* », de « *Lowlands* »), mais la langue commence son déclin au XVIe siècle car la nouvelle *Kirk* dépend uniquement de la bible traduite en anglais pour diffuser la foi. Avec l'Union des couronnes en 1603 l'anglais devient la langue de la cour, et après l'Union des parlements en 1707 l'anglais devient la langue dominante, celle du commerce, de la culture et surtout de l'enseignement ; le *Scots* reste la langue du foyer. En 2001 la population de l'Écosse est d'environ 5,12 millions (un chiffre qui n'a guère changé depuis un demi-siècle) et on estime que 30 % de la population (un peu plus de 1,5 million) parlent le *Scots* ou *Lallans*.

Quant au gaélique, la langue des Hautes-Terres et des îles, son déclin est directement imputable aux émigrations et à l'influence grandissante, d'abord du *Scots*, et ensuite de l'anglais. Jamais parlé par la majorité des Écossais, à la fin du XXe siècle moins de 2 % de la population le parle, et tous les gaélophones parlent anglais. Cependant, il connaît un renouveau depuis le milieu des années 70, lorsque l'enseignement du gaélique est soutenu par le ministère de l'Éducation pour l'Écosse. En 2000, le montant annuel consacré aux émissions en gaélique à la radio et à la télévision s'élève à plus de £8,5 millions ; un certain nombre de publications (presse, livres) augmentent l'intérêt que portent les média à la langue. Mais, à la différence du pays de Galles (voir chapitre 4) la culture et l'identité écossaises ne passent pas par la langue et elle ne jouit pas de la même importance, réelle et symbolique, que le gallois.

On ne peut pas parler de l'identité écossaise sans évoquer le romancier sir Walter Scott, qui, au début du XIXe siècle, est responsable, presque à lui seul, de la « réinvention » des traditions écossaises. Puisant à l'histoire du pays, il accomplit une remise en valeur truquée des symboles et des valeurs nationaux, pour que l'histoire de son pays soit acceptable dans le cadre britannique. Dans ses œuvres il fait la promotion de fausses traditions et de la mode écossaise, très prisée par l'aristocratie et la haute société. L'histoire plus récente du pays et les conflits avec l'Angleterre n'y figurent pas.

Quelques pas vers l'autonomie

Lorsque le Parlement écossais se réunit pour la première fois depuis presque trois cents ans, le 1er juillet 1999, c'est le résultat cumulatif de processus commencés plus d'un siècle auparavant.

Les réformes électorales du XIXe et du XXe siècle élargissent l'électorat, et le parti libéral est le grand gagnant : ces « Whigs » remportent la majorité des sièges écossais à chaque élection (tout comme au pays de Galles). Les libéraux proposent la création d'un ministère pour l'Écosse, et l'année 1885 voit la restauration du *Scottish Office*, créé d'abord en 1707 et aboli en 1745 après la rébellion jacobite. L'année suivante est fondée une association pour l'autonomie écossaise, la *Scottish Home Rule Association*. Elle réclame la création d'un Parlement écossais, exigeant que l'Écosse reçoive la même reconnaissance politique que l'Irlande, dont l'autonomie vient de faire l'objet d'un premier projet de loi. Tout comme les Irlandais, leurs espoirs sont déçus lors de la démission du Premier ministre libéral, Gladstone, car le projet d'autonomie irlandaise n'est pas maintenu par le gouvernement conservateur élu en 1886. Néanmoins, cette même année, Gladstone réussit à faire voter une loi (*Crofters' Act*) qui reconnaît certains droits des petits paysans tenanciers des Highlands et des îles.

En 1894 le gouvernement libéral crée le Grand comité écossais (*Scottish Grand Committee*), composé de tous les députés écossais ainsi que quinze autres, qui doit examiner tous les projets de loi qui concernent l'Écosse. La *Scottish Home Rule Association* a de grands espoirs d'autonomie, même si elle ne souhaite pas obtenir l'indépendance complète. À l'instar des projets de loi pour l'autonomie irlandaise, le gouvernement présente des projets de loi pour l'Écosse, mais ils ne passent pas la deuxième lecture aux Communes. Entre 1890 et 1914 pas moins de treize propositions sont faites aux Communes à ce sujet. Les débats s'éternisent autour du *Government of Scotland Bill* de 1913, et le projet est abandonné lors de la déclaration de guerre en 1914 tout comme le troisième projet irlandais.

Le rôle du *Scottish Office*, dirigé par le secrétaire d'État pour l'Écosse, se développe et il gère toutes les affaires internes du pays : agriculture, environnement, éducation, industrie, santé … Dès 1939, il est transféré à Édimbourg. L'administration de l'Écosse est très efficace, et le « ministre écossais » jouit d'une certaine autonomie et d'une importance certaine au sein du Cabinet à Londres. Mais, la position de l'Écosse est une anomalie : le système juridique est indépendant et différent du système anglo-gallois, et l'administration des affaires écossaises est tout aussi distincte, traitée à part par le Cabinet et les Communes. Par exemple, à Westminster, les affaires écossaises sont traitées en dehors d'autres sujets : deux commissions permanentes sont chargées de la lecture des projets de loi concernant l'Écosse. C'est à partir de 1894 que le Grand Comité écossais (*Scottish Grand Committee*) devient un forum de débat sans pouvoir de décision.

Le pays dispose donc, plus ou moins, d'un pouvoir exécutif mais ne possède pas d'assemblée législative devant laquelle l'exécutif serait responsable.

Renaissance nationaliste

La crise économique entre les deux guerres frappe durement l'Écosse, car l'industrie lourde connaît un déclin sévère. La dépression, le chômage et les grèves poussent l'électorat vers le parti travailliste, qui gagne des sièges à Westminster aux dépens du parti libéral. Les élus travaillistes écossais prétendent soutenir le projet d'autonomie écossaise, mais ne se pressent pas pour le faire avancer ; sachant pertinemment que leur représentation à

Westminster serait très réduite, car les travaillistes comptent sur l'électorat de gauche en Écosse et au pays de Galles pour obtenir une majorité au Parlement britannique, et ainsi pour gouverner.

Las de patienter, un groupe de nationalistes, anciens membres de la *Scottish Home Rule Association*, fondent le *National Party of Scotland* en 1928. Le *Scottish Party* est fondé en 1932 et deux ans plus tard les deux partis font alliance pour devenir le *Scottish National Party* — le SNP. Le nationalisme écossais ne ressemble pas aux mouvements que connaissent l'Irlande et le pays de Galles, et ne connaît ni la violence ni le sang versé. Il n'a pas, non plus, de chef charismatique pour inspirer ses adhérents. Cependant, c'est un certain John McCormick, un homme de vision, qui rêve, non de l'indépendance, mais d'un parlement écossais dans le cadre du Royaume-Uni.

Le SNP gagne une élection partielle à Motherwell en 1945 mais perd le siège trois mois plus tard lors des législatives, et pendant les vingt années qui suivent ne gagne pas un seul siège parlementaire. Cependant, un pourcentage croissant de l'électorat le soutient, jusqu'en 1967 où il gagne le siège de Hamilton. Sa bonne fortune aux urnes continue : il prend des voix surtout au parti conservateur.

3.1. Résultats des élections législatives en Écosse (représentation à Westminster)

Parti	1970	Fév. 1974	Oct. 1974	1979	1983	1987	1992	1997	2001
Conservateurs	23	21	16	22	21	10	11	0	1
Travaillistes	44	40	41	44	41	50	49	56	56
Libéraux/alliance/ Libéraux-démocrates	3	3	3	3	8	9	9	10	10
Scottish National Party	1	7	11	2	2	3	3	6	5

Le soutien spectaculaire dont bénéficie le SNP, surtout pendant les années 70, pose des problèmes aux partis politiques britanniques. Sans doute, ce succès est-il dû au fait que le parti est la voix, non de l'indépendance écossaise, mais de l'identité écossaise. Il permet aux électeurs socialistes déçus de rester fidèles à leur classe sociale, de ne pas voter pour les conservateurs, le parti du patronat.

Le SNP est renforcé dans ses arguments économiques par la découverte de pétrole dans la mer du Nord, au début des années 70. Le pays pourrait ne pas dépendre financièrement de l'Angleterre et de l'Union. De plus, l'adhésion, en 1973, à la Communauté européenne ravive les espoirs indépendantistes car un petit pays, membre de la CE, aura les mêmes droits et les mêmes avantages que tous les autres membres, aussi puissants qu'ils soient.

À partir de 1959 l'anomalie législative s'accompagne d'une anomalie parlementaire car les travaillistes en Écosse gagnent le plus grand nombre de sièges à Westminster, mais à trois reprises le gouvernement est conservateur (1959-1964, 1970-1974, 1979-1997). Donc, pendant ces périodes, le secrétaire d'État pour l'Écosse ne représente pas la majorité des Écossais. Le SNP semble bien placé pour casser le système bi-partite en Écosse.

Vers la dévolution

Le SNP gagne des sièges à Westminster aux dépens surtout du parti conservateur, malgré le fait que le gouvernement d'Edward Heath (1970-1974) est le premier à proposer une politique de dévolution pour l'Écosse. Mais la montée du nationalisme écossais menace surtout le parti travailliste qui dépend des sièges écossais et gallois pour être majoritaire à Westminster. Pour les travaillistes le dilemme est de trouver comment combattre le SNP en lui prenant les voix nationalistes. C'est le gouvernement travailliste de Wilson qui met en place la commission constitutionnelle en 1968 (*Royal Commission on the Constitution*) mais son rapport, rédigé sous la direction de Lord Kilbrandon, est livré au gouvernement conservateur de Heath en 1973. La commission propose une forme de dévolution législative pour l'Écosse. Dès octobre 1974 les travaillistes, sous Harold Wilson et, à partir de mai 1976, sous James Callaghan, soutiennent le principe de la dévolution ; les conservateurs changent d'avis et se considèrent gardiens de la constitution britannique, telle quelle.

Un livre blanc est publié en septembre 1974, suivi d'un autre en novembre 1975, mais en février 1977 le projet de loi, le *Scotland and Wales Bill*, est rejeté par les Communes. En novembre 1977 deux projets de loi séparés sont présentés par le gouvernement travailliste qui, après les élections d'octobre 1974, n'a pas de majorité absolue aux Communes et dépend des nationalistes ainsi que du parti libéral pour faire voter la législation qu'il propose. Le projet écossais prévoit une Assemblée monocamérale où un exécutif élu au scrutin uninominal à un tour serait dirigé par un Premier secrétaire. Un certain nombre de pouvoirs, assez limités, lui seraient dévolus (santé, écoles, logement, droit, environnement, administration locale, etc.). L'Assemblée ne pourrait pas lever d'impôts, ni percevoir directement les impôts nationaux payés en Écosse et le tout serait dirigé par le secrétaire d'État pour l'Écosse.

Parmi les multiples amendements au projet de loi concernant l'Écosse, deux sont importants : l'un cherche à délimiter la participation des députés écossais à Westminster lors des votes concernant, d'une part, les affaires écossaises, et, d'autre part, les affaires anglaises, galloises ou nord-irlandaises.

Le deuxième amendement critique exige que 40 % de l'électorat (pas 40 % des votants) approuve la dévolution lors d'un référendum préliminaire. Les lois sont votées et le *Scotland Act* et le *Wales Act* passent en février 1978.

Cependant, les référendums prévus par les lois sont l'occasion d'une défaite spectaculaire pour le gouvernement. Le 1er mars 1979 une petite majorité des voix exprimées en Écosse approuve le projet de dévolution, mais ce chiffre ne représente pas le 40 % de l'électorat requis par la loi. Au pays de Galles le rejet du projet est massif ; en Écosse une petite majorité soutient le projet de dévolution, mais, concentrées dans les Hautes-Terres et les îles, ces voix ne suffisent pas.

3.2. Le référendum de 1979 en Écosse

	% des votants	% des électeurs
participation	-	63,7
Oui	51,6	32,9
Non	48,4	30,8

Lors de l'avènement du gouvernement conservateur sous Margaret Thatcher, en mai 1979, les deux lois sont abrogées. Notons, cependant, que 43 des 71 députés écossais à Westminster votent contre le gouvernement et pour le maintien de la loi. Il est sûr que le deuxième amendement et le référendum ont contribué à cet échec du fait des conditions de participation et de soutien imposées à l'électorat. Le gouvernement conservateur ne soutient pas le projet de dévolution, craignant l'éclatement du Royaume-Uni, et les anciennes habitudes perdurent à Westminster : les affaires écossaises sont toujours traitées à part, et certains pouvoirs supplémentaires sont dévolus au Scottish Office.

La Convention constitutionnelle écossaise

Un an après le référendum on lance une campagne pour une Assemblée écossaise qui est soutenue par des gens de divers horizons : hommes et femmes politiques venus de tous les partis (sauf les conservateurs en Écosse et le SNP), des administrations locales, des églises, des syndicats et d'autres organismes publics. Le but est de traduire le soutien pour la dévolution en propositions concrètes. En 1988 on publie un document autonomiste, *Scotland's Claim of Right*, cependant, il faut attendre 1989 avant de voir la création d'une Convention, *the Scottish Constitutional Convention*, qui réclame un parlement pour l'Écosse avec des pouvoirs législatifs et fiscaux.

La SCC n'est pas composée de membres élus par l'électorat, et ne cherche pas à promouvoir les arguments en faveur de la dévolution : pour elle, ces arguments sont acquis. Elle produit deux rapports, dont le second, en novembre 1995, *Scotland's*

Parliament, Scotland's Right, propose la mise en œuvre d'un projet de dévolution. Elle adopte la proposition chère aux libéraux-démocrates, notamment que le Parlement écossais doit comporter non seulement des membres représentant une circonscription mais aussi des membres supplémentaires, élus selon un système de représentation proportionnelle.

Suite à l'élection du gouvernement travailliste Blair, en mai 1997, on propose un référendum à nouveau. Cette fois-ci il a lieu avant l'introduction d'un projet de loi aux Communes. Le 11 septembre 1997 les Écossais doivent répondre à deux questions, à propos de la création d'un parlement et de l'approbation de son pouvoir fiscal, c'est à dire le pouvoir de modifier le taux de l'impôt dans une fourchette de 3 % :

"I agree/don't agree that there should be a Scottish Parliament."

74,3 % votent pour le Parlement (1 775 054 voix). 25,7 % votent contre (614 400 voix).

"I agree/don't agree that a Scottish Parliament should have tax-varying powers."

63,5 % (1 512 889 voix) sont d'accord. 36,5 % votent contre (870 263 voix)

La participation est de 60,1 % et, en comparaison du référendum de 1979, cette fois-ci 44,7 % de l'électorat soutient la création d'un Parlement écossais et 38,1 % approuve les pouvoirs fiscaux dévolus, quoique à peu près 6 000 électeurs ne se prononcent pas sur la deuxième question.

Le projet de loi du gouvernement Blair est déposé à la Chambre des communes en décembre 1997, en même temps que le projet de dévolution pour le pays de Galles, et le *Scotland Act* est promulgué en novembre 1998.

Le Parlement écossais — *Pàrlamaid na h'Alba*

Les premières élections au Parlement écossais ont lieu le 6 mai 1999. Les 129 députés sont élus en deux scrutins pour une période fixe de quatre ans : 73 de ces MSPs *(Member of the Scottish Parliament)* sont élus à un tour et à majorité relative. Ceux-ci représentent les circonscriptions parlementaires britanniques ; exceptionnellement, les îles Shetland et Orcades élisent deux députés pour représenter chacun des archipels. 56 députés sont élus selon un système de représentation proportionnelle : sept membres supplémentaires sont élus pour chacune des huit circonscriptions européennes qui datent de 1994. Ainsi, le vote régional reflète la proportion des voix que recueille chaque parti politique. Le parti travailliste sort vainqueur du scrutin, suivi du SNP, qui gagne ses sièges surtout grâce à la proportionnelle. C'est ainsi aussi que le parti conservateur est présent au Parlement.

3.3. Représentation électorale en Écosse, nombre de sièges, 2001

Parlement écossais - MSPs				Parlement à	Parlement
	Sièges de circonscriptions	Sièges supplémentaires	Total	Westminster (MPs)	européen (MEPs)
Travaillistes	53	1	56	55	3
Scottish National Party (SNP)	7	28	35	6	2
Conservateurs	0	18	18	0	2
Libéraux-démocrates	12	5	17	2	0
Indépendants	1	0	1	1	0
Parti socialiste écossais (Scottish Socialist Party)	0	1	1	0	0
Les verts (Green Party)	0	1	1	0	0
TOTAL	73	56	129	72	8

Le Parlement se réunit pour la première fois le 12 mai 1999 dans des locaux à Édimbourg en attente de nouveaux bâtiments, en construction à Holyrood. Il est ouvert officiellement par la reine Élisabeth le 1er juillet 1999, date à laquelle il est doté de tous ses pouvoirs.

Pouvoirs et responsabilités du Parlement écossais

L'Exécutif écossais est responsable devant le Parlement, dont les fonctions principales sont de débattre des sujets importants ; de mener des enquêtes, de publier des rapports, et surtout de voter des lois concernant les affaires internes à l'Écosse (*devolved matters*). Les MSPs ont des compétences dans les domaines suivants :

- la santé ;
- l'éducation et la formation ;
- l'administration locale ;
- les affaires sociales ;
- le logement ;
- l'urbanisme ;
- le tourisme, le développement économique et l'aide à l'industrie ;
- les transports (les routes, les bus, les ports) ;
- le droit et le système législatif ;
- la police et les pompiers ;
- l'environnement ;
- le patrimoine ;
- l'agriculture, les forêts et la pêche ;
- le sport et la culture ;
- les statistiques et les archives.

Certains domaines (*reserved matters*) restent de la compétence de Westminster et ce sont notamment des sujets qui concernent le Royaume-Uni au niveau national, tels que les affaires constitutionnelles ; la politique étrangère, la défense, la politique financière, l'énergie ; la politique industrielle, l'emploi, etc. À la différence de l'Assemblée nationale du pays de Galles, le Parlement est indépendant en ce qui concerne les « *devolved matters* » et peut voter ses lois sans passer par le Parlement de Westminster.

Le fonctionnement du Parlement écossais

Un comité consultatif, établi en novembre 1997 et composé de membres de tous les partis politiques, détermine le fonctionnement pratique du nouveau parlement. Il mène des enquêtes auprès du public et s'inspire des exemples donnés par les parlements ailleurs dans le monde, par exemple, ceux d'autres petits pays, d'autres parlements dévolus, comme en Catalogne ; et de l'exemple fédéral de l'Allemagne. Le comité publie son rapport en janvier 1999. Recommandant l'utilisation étendue de la technologie de communication par le Parlement dans tous ses champs d'opération, il préconise aussi la plus grande transparence dans le déroulement des affaires parlementaires, insistant sur le fait que le Parlement doit symboliser le partage des pouvoirs entre les élus, les législateurs et le peuple écossais.

Le Président du Parlement (*Presiding Officer*) et ses deux vice-présidents sont élus par les 129 MSPs. Responsable du bon déroulement des débats, avec un pouvoir de décision concernant les sujets débattus, il représente le Parlement auprès d'autres organismes gouvernementaux, nationaux et internationaux. Le Président actuel est sir David Steel.

Le gouvernement écossais, l'exécutif, est formé par le ou les parti(s) ayant le plus grand nombre de sièges. Suite aux élections de 1999 le premier gouvernement est une coalition entre les travaillistes et les libéraux-démocrates, ces derniers occupant deux des onze postes au Cabinet.

Le Premier ministre (*First Minister*) est élu par tous les députés. Henry McLeish remplace Donald Dewar lorsque ce dernier, grand champion de l'autodétermination écossaise, décède subitement. En novembre 2001 John McConnel remplace Mr McLeish. Aux côtés du Premier ministre se trouvent deux hommes de loi (*Law Officers*) : le Procureur général (*Lord Advocate*) et le Conseiller juridique (*Solicitor General*) qui conseillent le Parlement dans les affaires juridiques. Ils peuvent ne pas être MSPs. Le Premier ministre nomme un certain nombre de ministres, qui s'appuient sur un système de sous-secrétaires, de comités et de fonctionnaires afin d'assurer le bon fonctionnement du Parlement.

Le mandat du Parlement est de quatre ans, chaque année étant divisée entre les périodes où les députés sont présents (*sitting days*) et les intersessions (*recess*). La procédure pour la présentation de projets de loi est composée de trois étapes : examiné par un premier comité qui rédige un rapport à son sujet, un projet peut recevoir l'approbation du Parlement et passer ensuite à la deuxième étape, celle des amendements. La dernière étape est le moment des débats et il faut qu'un quart des MSPs participent au vote. Lorsque le projet est voté, le souverain lui accorde le consentement royal et il devient loi, connu comme « *Act of the Scottish Parliament* ». Le premier programme législatif inclut des projets de loi pour la réforme de la propriété foncière, la création de parcs nationaux et une réforme du système scolaire.

Le secrétaire d'État est maintenu dans ses fonctions à Westminster où il représente les intérêts écossais à l'intérieur du gouvernement britannique. Les fonds octroyés au Parlement écossais par Westminster sont de l'ordre de £16 milliards par an, que le Parlement redistribue par la suite. Il peut aussi chercher d'autres sources de financement en modifiant le taux de l'impôt de l'ordre de 3 % (impôt sur le revenu) et peut déterminer le taux des impôts locaux ainsi que celui des taxes professionnelles.

L'Écosse aujourd'hui

Depuis la Seconde Guerre mondiale l'économie écossaise connaît un déclin. L'industrie lourde et l'agriculture sont les employeurs traditionnels et le pays bénéficie initialement de subventions agricoles et de la nationalisation des charbonnages et de l'énergie, de la sidérurgie et des transports. Des initiatives telles que la création en 1965 d'un comité chargé du développement des Hautes-Terres et des îles (*Highlands and Islands Development Board*) connaissent un certain succès. Mais ailleurs en Écosse, le manque d'investissements et la dépendance de sociétés anglaises et étrangères qui ferment les succursales écossaises dès qu'ils connaissent des problèmes sont assortis d'interminables conflits entre le patronat et les syndicats. Le gouvernement à Westminster soutient l'économie écossaise en lui injectant des sommes colossales, mais ses efforts sont vains. Historiquement, le taux de chômage écossais reste plus élevé que celui du reste du Royaume-Uni : en 1986, 13,8 % de la population active est sans emploi comparé au 11,5 % national britannique ; au printemps 2001 il est de 6,2 % comparé au taux national de 3,4 %.

Le déclin économique et le chômage conséquent poussent presque 50 000 personnes à émigrer chaque année au milieu des années 60. La société écossaise, et surtout la classe ouvrière, subit une morne transformation : la main d'œuvre se féminise ; le logement typique devient un HLM dans une grande tour excentrée : la *Kirk* perd de son autorité mais continue de prêcher la rigueur morale, conservatrice et inflexible. Les distances se creusent entre Londres et Édimbourg, et l'imposition de l'impopulaire impôt par capitation (*poll tax*) en 1989, un an avant le reste du pays, est l'occasion de violences et d'émeutes.

Sous les gouvernements conservateurs des années 80 et 90 les subventions se font plus sélectives ; cependant, l'adhésion à la Communauté européenne fait de l'Écosse une zone de développement : la disparition des industries lourdes traditionnelles s'accompagne de subventions européennes destinées à restructurer l'économie et l'infrastructure des régions les plus pauvres. L'Europe verse des fonds structurels destinés à l'amélioration des infrastructures routières et portuaires, ce qui facilite l'expansion de quelques industries écossaises : la pêche, les industries du papier et les industries du pétrole et du gaz en mer. Au palmarès des industries qui font rentrer des devises se trouvent toujours le tourisme et le whisky, talonnés par le secteur de l'électronique ; néanmoins, ces dernières années, de nombreuses entreprises de services financiers se sont installées en Écosse, en partie à cause des salaires moins élevés, mais aussi parce que l'accent écossais s'avère très attrayant pour les clients des centres d'appels téléphoniques des banques et des sociétés d'assurances.

3.4. Population de l'Écosse, 1998

Les grandes villes :	Population	Densité au km^2	Migrations 1991-98
Aberdeen	213 070	1 146	- 0,9 %
Dundee	146 690	2 257	- 6,1 %
Édimbourg	450 180	1 718	2,4 %
Glasgow	619 680	3 541	-1,9 %
Argyll & Bute	89 980	13	-3,9 %
Eilean Siar (les îles de l'Ouest)	27 940	9	-5,0 %
Les régions moins peuplées :			
Les Hautes-Terres	208 300	8	2,1 %
Les îles Orcades	19 550	20	-0,1 %
Les Borders	106 300	22	2,1 %
Les îles Shetland	22 910	16	1,6 %
TOTAL	**5 120 000**	**66**	**0.3 %**

Conclusions

Pendant les années 80 et 90 l'Écosse se démarque de plus en plus clairement de l'Angleterre économiquement et politiquement. Pour les Écossais, le gouvernement de Westminster ne les représente plus. Malgré la restitution de la célèbre *Stone of Scone*, ordonnée par le gouvernement conservateur en novembre 1996, le rejet total du parti conservateur par l'électorat écossais aboutit en 1997 à la disparition complète des « tories » du paysage politique écossais. C'est une affirmation de l'identité écossaise, et une étape importante sur le chemin vers la dévolution.

Lors du référendum de 1997, l'approbation massive du projet de dévolution que manifestent les électeurs écossais démontre le progrès des idées nationalistes pendant les vingt années qui séparent les deux scrutins dévolutionnaires. On ne peut pas nier, néanmoins que, avant l'avènement du SNP, l'identité écossaise est menacée de disparition, submergée, entre autres, par les médias qui véhiculent une assimilation linguistique et culturelle.

Cependant, le rétablissement du Parlement écossais, après presque trois cents ans de suspension, n'est pas la fin de l'histoire. Son existence pose des problèmes constitutionnels majeurs, surtout des questions d'équilibre entre le Parlement de Westminster et les assemblées « nationales » dévolues (voir chapitre 5). Entre autres mesures, le gouvernement Blair propose la réduction de la représentation écossaise à Westminster ainsi que la réduction du nombre de MSPs de 129 à 109, associée à une baise des salaires des députés. Mais peut-être le problème principal est-il interne à l'Écosse. L'identité écossaise, politique, intellectuelle et culturelle (littérature, cinéma, musique,...) jamais disparue et réaffirmée récemment, souffre du fait qu'il s'agit d'une nation sans État, c'est-à-dire que ce n'est pas un État indépendant dans le sens international du terme. C'est un statut bâtard qui est mal vécu par un grand nombre d'Écossais : hommes politiques, militants et électeurs. Si la résurrection du Parlement est vue par certains comme un réaménagement de l'Union de 1707, ne faudrait-il pas respecter le particularisme écossais et aller jusqu'à l'annulation du traité ?

Sites internet

Scottish Office	www.scottishsecretary.gov.uk
Scottish Executive	www.scotland.gov.uk
Scottish Parliament	www.scottish.parliament.uk
Scottish National Party	www.snp.org

Chapitre 4

LE PAYS DE GALLES

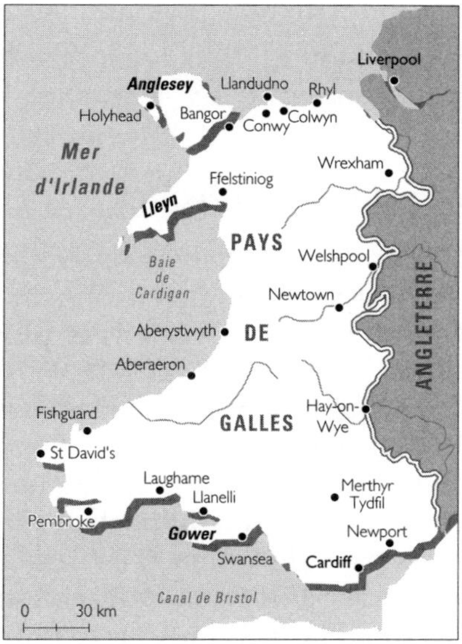

Les origines

C'est vers le VIe siècle de notre ère que les habitants du futur pays de Galles, face à la menace saxonne venue de l'est, prennent conscience de leur identité, et se donnent le nom de Combroges ou Cymry, ce qui veut dire « camarades » ou « compatriotes » — et a donné au pays son nom actuel en langue galloise : « Cymru ». (Sa version latinisée est Cumbri, d'où Cambria). Les envahisseurs germaniques les appelaient « wealhas », ce qui veut dire « étrangers », d'où le nom anglicisé de « Wales ». D'origine celtique, ces tribus sont venues du centre de l'Europe, au cours des deux millénaires avant l'ère chrétienne, s'établissant bien avant l'invasion romaine. Repoussé vers le nord et l'ouest par des vagues successives d'envahisseurs à la fin du VIIIe siècle, le roi Offa de Mercie fait construire un fossé et un mur, le « Offa's Dyke », entre la Dee, au Nord, et la Severn au sud, créant ainsi une fortification, une séparation. Le pays de Galles a désormais une frontière, qui a peu changé depuis, ainsi qu'une unité territoriale mais sa géographie est peu favorable à la cohésion nationale. Les collines, les montagnes et les landes du centre du pays rendent la communication difficile et le pays n'a pas de vrai centre géographique naturel destiné à être une capitale politique et culturelle.

L'oppression anglaise — les révoltes

Néanmoins, de grands chefs gallois unissent les habitants du pays contre les envahisseurs anglo-saxons, maîtres du pays à l'est, contre les Danois et les Norvégiens et plus tard contre les Normands. Mentionnons Hywel Dda (916-950) et Llywellyn ap Gruffydd (1245-1282) qui luttent pour préserver l'indépendance du pays. Mais Édouard Ier d'Angleterre s'impose à partir de 1284, date à laquelle l'administration des terres galloises est réorganisée et les postes les plus importants sont octroyés aux Anglais. Même si le pays de Galles n'est pas annexé formellement par l'Angleterre, Édouard fait construire plusieurs châteaux forts tels que Harlech ou Caernarvon, qui subsistent encore, pour écraser toute nouvelle rébellion. En 1301, il donne à son fils le titre de Prince de Galles, désormais porté par l'héritier de la couronne d'Angleterre. La révolte d'Owain Glyn Dwr au début du XVe siècle ne dure qu'un temps et finalement ce sont les Tudors, eux-mêmes originaires de l'île d'Anglesey, qui poursuivent une politique impitoyable envers les Gallois, ce qui aboutit à l'inévitable annexion du pays par Henri VIII en 1536. Pour mieux étendre ses réformes religieuses et pour assurer la sécurité nationale à l'ouest, l'acte d'union (*The Act of Incorporation and Annexation*) est imposé sans consultation préalable. Son but est de supprimer les différences entre l'Angleterre et le pays de Galles en passant par l'union administrative et l'assimilation linguistique et culturelle. Il est vrai que les Gallois sont désormais égaux aux Anglais et sont représentés au Parlement à Londres, mais la loi anglaise est imposée au pays et l'anglais devient la langue officielle. La Principauté est divisée en treize comtés et l'administration du pays est entre les mains d'anglophones (environ 5 % de la population à l'époque). L'intention est d'extirper tous les sinistres us et coutumes du pays qui sont différents de ceux de l'Angleterre. Et encore, en 1663, la loi d'uniformité (*Act of Uniformity*), renforcée en 1746, décrète que le mot « *England* » inclut aussi le pays de Galles.

La langue et la culture galloises sont menacées par les réformes administratives et religieuses, mais, paradoxalement, c'est la traduction de la Bible en gallois en 1588, par l'évêque William Morgan, qui contribue à l'adhésion des Gallois au protestantisme, renforçant ainsi la notion d'identité nationale. Le méthodisme se développe rapidement au cours du XVIIIe siècle et grâce à l'importance attachée à l'éducation du peuple, les non-conformistes jettent les bases d'une société plus démocratique, même si les clivages sociaux entre propriétaires terriens et industriels d'une part et paysans et classe ouvrière d'autre part persistent. Néanmoins, les révolutions agricole et industrielle occasionnent les mêmes transformations économiques au pays de Galles qu'en Angleterre, mais avec quarante ans de retard. En 1830 disparaît la Haute Cour du pays de Galles. La justice est désormais rendue par des juges anglais, venus de Londres. Et malgré les efforts prodigués par les Écoles du dimanche — système éducatif privé fondé pour enseigner aux enfants et aux adultes la lecture et le christianisme — l'enseignement de la langue galloise est méprisé par les autorités. Parler gallois est même interdit à l'école.

L'évolution économique

L'économie du pays de Galles est essentiellement rurale jusqu'au début du XIXe siècle quoique les ressources minérales soient exploitées de bonne heure. L'extraction du cuivre est très ancienne, remontant au XVIe siècle, et se développe au cours du

XVIIIe siècle. Grâce à ses fonderies, la production mondiale du cuivre se concentre à Swansea. Les industries du zinc, du nickel et du fer connaissent un essor et la sidérurgie voit sa production augmenter pendant la guerre d'indépendance américaine et les guerres napoléoniennes ; ensuite le développement du chemin de fer offre de nouveaux débouchés. De même, la fabrication du fer-blanc s'intensifie.

L'industrie charbonnière se développe à partir du XIIIe siècle et au cours du XVIIIe siècle et du XIXe siècle la production galloise augmente considérablement — de plus de 8 millions de tonnes en 1855 à plus de 50 millions de tonnes à la veille de la Première Guerre mondiale. Cette industrialisation galopante est accompagnée par une amélioration du réseau des transports : chemin de fer, routes et canaux, ainsi que le développement d'un grand nombre de ports pour l'exportation de la production industrielle, notamment Swansea, Cardiff et Newport, au sud.

Cependant, ces changements économiques ont un effet sur la démographie du pays. La population augmente progressivement. Au début du XVIe siècle le pays compte moins de 250 000 habitants. En trois cents ans la population a doublé — en 1801 on estime le nombre d'habitants à 587 000. Mais un siècle plus tard, en 1911, elle est passée à 2 421 000. (À la fin du XXe siècle elle atteint 2 933 000) L'augmentation naturelle de la population (natalité en hausse, mortalité en baisse grâce à de meilleures conditions de vie, de santé et d'hygiène) est accompagnée par l'arrivée d'immigrés anglais et irlandais qui cherchent du travail. En même temps la campagne galloise se dépeuple pour les mêmes raisons. Un déséquilibre dans la distribution des habitants apparaît, avec des conséquences importantes : le pays de Galles est divisé en deux. Les industries, et donc la majorité de la population (plus de 60 %), sont concentrées dans le sud. Ces gens sont plus anglicisés que les populations rurales et galloisantes au nord et au centre. La langue et la culture du pays sont menacées. L'élection de Keir Hardie comme député travailliste de Merthyr Tydfil en 1900 est le signe de l'ascension d'une nouvelle classe ouvrière, essentiellement anglophone.

La montée du nationalisme gallois

Le nationalisme gallois n'est pourtant pas éteint, même si les liens entre la Principauté et l'Angleterre semblent solides, l'industrialisation étant le véhicule de l'anglicisation. La conscience nationale galloise s'affermit au cours du XIXe siècle, portée en l'absence d'institutions par des tendances culturelles, religieuses, éducatives et politiques. Curieusement, ce sont des intellectuels gallois exilés à Londres qui publient, dès le XVIIIe siècle des ouvrages sur l'histoire et la littérature galloises. Et ce sont eux qui font revivre, en 1789, la fête nationale de la poésie et de la musique : l'Eisteddfod. Tradition vieille de plus de 800 ans, l'Eisteddfod national est rétabli en 1860 et désormais se tient chaque année, le site du festival alternant entre le nord et le sud du pays.

Cet éveil nationaliste est reflété par l'intérêt croissant qu'ont les députés gallois, siégeant à Westminster, pour les affaires galloises. Au cours du XIXe siècle le développement du libéralisme est favorisé par le méthodisme et le non-conformisme. Le parti Whig (prédécesseur du parti libéral), le parti favorable au Parlement, bénéficie du soutien des Dissidents et est plus proche du peuple, tandis que les Tories (qui deviennent pour leur part les conservateurs) défendent la royauté et sont soutenus par l'Église anglicane. L'opposition entre *Church* et *Chapel* est aussi un clivage entre les classes sociales et, au pays de Galles, les non-conformistes répondent mieux aux besoins des paysans et des ouvriers de l'industrie, attirant ainsi plus des trois-quarts de la population. On proteste contre la dîme payée à l'Église d'Angleterre et quoique la rupture avec l'Anglicanisme soit presque totale dès le milieu du XIXe siècle la loi établissant *The Church in Wales* n'est votée qu'en 1914. Elle est appliquée seulement en 1920, après la Grande Guerre. Le parti libéral est le champion de cette désofficialisation de l'Église au pays de Galles et, dès 1857, sort vainqueur des élections et reste le premier parti politique et celui des espoirs gallois jusqu'en 1922, date à laquelle le parti travailliste prend le dessus.

Cependant, vers la fin du XIXe siècle un certain nombre de lois sont votées à Westminster qui ne concernent que les affaires galloises : l'autorisation d'enterrer les morts selon les rites non-conformistes, la fermeture des *pubs* le dimanche, et en 1899 la création d'écoles secondaires financées par l'État, et ceci trois ans avant l'Angleterre, et la création d'universités.

Mais c'est l'exemple de l'Irlande qui donne de l'espoir aux nationalistes gallois et l'idée de l'autonomie commence à prendre racine. En 1866 le mouvement *Cymru Fydd* (« Le pays de Galles sera ») est fondé, à l'instar de *Young Ireland* (« Jeune Irlande »), 1848. À l'origine c'est un rassemblement culturel mais il devient nationaliste à partir des années 1880, cherchant surtout l'égalité avec l'Angleterre plutôt que l'indépendance. Il compte plusieurs députés libéraux parmi ses responsables, y compris David Lloyd George, futur Premier ministre. Ce dernier tente de créer un parti gallois indépendant mais l'idée échoue, faute de chef charismatique et de doctrine mobilisatrice, susceptibles d'attirer des adhérents. La défaite électorale des libéraux en 1895 entraîne la disparition de *Cymru Fydd.* Cependant, le cas du pays de Galles est loin d'être identique à celui de l'Irlande. Il est vrai que les deux pays souffrent d'un problème agraire (propriétaires terriens anglais et tenanciers métayers irlandais et gallois sans sécurité), éprouvant des sentiments de rancœur et d'amertume à l'égard de l'Angleterre. Mais ils ne partagent pas la même expérience de la domination anglaise et les Gallois n'ont jamais subi des épreuves nationales de l'ordre de la grande famine irlandaise des années 1840. Le pays de Galles n'a pas vécu non plus l'émigration massive qu'a connue l'Irlande. On ne peut pas parler de colonisation du pays de Galles non plus et la Principauté n'a jamais connu la violence qui caractérise l'histoire de l'Irlande. En plus, les effets de la démocratisation du pays y sont ressentis beaucoup plus tôt qu'en Irlande.

Curieusement, la question de l'autonomie du pays de Galles devient plutôt un élément de division et on peut expliquer l'échec de *Cymru Fydd* par les différences entre le nord et le sud du pays, desquelles naît une opposition qui perdure. Le sud industriel, où la population est assez hétérogène, est étroitement lié à l'économie anglaise : le nationalisme semble alors sans intérêt du point de vue sociologique ; l'indépendance serait de la folie économique. L'industrialisation du sud donne du travail aux Gallois et aux travailleurs immigrés, qui connaissent donc une certaine prospérité, sans s'exiler, contrairement aux Irlandais. Par contre, le Nord et le Centre restent plutôt agricoles et dans ces régions on voit la fuite des populations rurales galloisantes vers le sud et vers l'Angleterre, à la recherche du travail.

Le parti libéral, qui domine la vie politique galloise entre 1868 et 1922, est soutenu à travers tout le pays et cherche à promouvoir la reconnaissance de la spécificité galloise, mais après la Première Guerre mondiale plusieurs facteurs jouent pour créer un changement politique. Le non-conformisme a de moins en moins d'influence sur la classe ouvrière ; le radicalisme gallois se perd dans des questions ignorant des événements majeurs aux niveaux national et mondial, tels que la crise économique, le chômage, l'inflation, etc. et les libéraux perdent de l'influence au profit des travaillistes. Malgré les mesures sociales très importantes que fait voter Lloyd George (Premier ministre et député de Caernarvon pendant cinquante-cinq ans) telles que la retraite et l'assurance sociale et la réforme des Lords, l'électorat gallois ne s'intéresse pas à la question de l'autonomie, qui est, elle aussi, une politique promue par les libéraux. Une première conférence sur la dévolution, en 1922, est un échec total. L'alliance entre la religion, le nationalisme et les libéraux est tellement forte qu'il semble logique de les abandonner tous les trois en même temps. Alors, les électeurs se tournent plutôt vers les travaillistes qui unifient l'électorat du pays de Galles, car au début du XXe siècle ils tentent d'y établir le lien entre les enjeux économiques et nationaux, passant par la suite à une politique plutôt orientée vers la lutte des classes.

Plaid Cymru

Le parti nationaliste gallois, fondé en 1925, est né de la désillusion et du désespoir. Ni l'autonomie ni la dévolution ne sont en effet au programme des principaux partis politiques : les conservateurs y sont opposés, les libéraux perdent de l'influence et les travaillistes ne s'y intéressent pas vraiment, car une telle politique est contraire à leur politique de la centralisation ; tout comme *Cymru Fydd*, mouvement culturel cherchant surtout à préserver la langue galloise, alors en déclin régulier. En 1891 le nombre de galloisants est estimé à 54,4 % de la population. Cent ans plus tard ce chiffre tombe à 18,7 %. Étalées sur plusieurs décennies, les causes du recul du gallois sont nombreuses : aux facteurs économiques et politiques (industrialisation, urbanisation, politique éducative) et aux brassages de population (tourisme, départs des jeunes à la recherche du travail, arrivée de retraités anglophones) s'ajoutent l'influence des médias ainsi que les préjugés contre le gallois, puisque l'anglais est la langue du progrès. Pour sauver la langue, Saunders Lewis, premier président du Plaid Cymru, voit un seul moyen : il espère une certaine autonomie pour son pays. Mais comment gagner le soutien de la majorité qui ne parle qu'anglais ? Contraints de modifier leur position les responsables de Plaid Cymru doivent reconnaître que la définition de la communauté galloise ne doit pas être limitée à des considérations linguistiques. En 1968 ils adoptent une politique de bilinguisme et changent de nom en 1998, s'appelant désormais « *Plaid Cymru the Party of Wales* ». Le succès aux urnes est long à venir. Malgré sa préférence pour le nord où il est sûr du soutien et des voix, Plaid Cymru ne gagne son premier siège parlementaire qu'en 1966, à Carmarthen, dans le sud-ouest, lorsque Gwynfor Evans est élu lors d'une élection partielle. Lors des deux élections législatives de 1974, en février et en octobre, le parti gallois gagne deux, puis trois sièges, sur 34.

Pour les hommes politiques basés à Londres il semble qu'il y a donc un regain de nationalisme au pays de Galles tout comme en Écosse, où cet intérêt est reflété par la réussite du SNP.

Cependant, en ce qui concerne la représentation à l'échelle nationale, le Plaid Cymru ne réussit pas vraiment à étendre son électorat au-delà des circonscriptions du centre et du nord. Il est vrai pourtant que lors des élections locales (municipales et au niveau du comté), les performances du Plaid Cymru sont tout à faits honorables. Le parti obtient aussi de beaux scores aux élections à l'Assemblée nationale en 1997 : c'est le deuxième parti à l'Assemblée après les travaillistes.

4.1. Résultats des élections législatives au pays de Galles, représentation à Westminster 1970-2001

	Travaillistes		Conservateurs		Lib. / Alliance/Lib. Dem.		Plaid Cymru	
Élection	% voix	élus	% voix	élus	% voix	élus	% voix	élus
1970	51,6	27	27,7	7	6,8	1	11,5	0
Fév. 1974	46,8	24	25,9	8	16,0	2	10,7	2
Oct. 1974	49,5	23	23,9	8	15,5	2	10,8	3
1979	46,9	21	32,2	11	10,6	1	8,1	2
1983	37,5	20	31	14	23,2	2	7,8	2
1987	45,1	24	29,5	8	17,9	3	7,3	3
1992	49,5	27	28,6	6	12,4	1	8,8	4
1997		34		0		2		4
2001		34		0		2		4

La renaissance de la langue

Paradoxalement, le gallois connaît aujourd'hui une renaissance et un grand dynamisme. Le « *Cymdeithas yr Iaith Gymraeg* » (l'association de la langue galloise) est fondé en 1962 à la suite d'un appel radiophonique de la part de Saunders Lewis, président de Plaid Cymru, et dans les deux années qui suivent sont publiés deux rapports sur le statut légal de la langue galloise. En 1964 un poste de ministre pour le pays de Galles (*Welsh Office*) est créé. Par la suite, en 1967 une loi sur la langue galloise

(*Welsh Language Act*) est votée. C'est un premier pas vers un statut officiel pour la langue dans les tribunaux et dans l'administration de tout le pays de Galles. Néanmoins, les quelques petites actions commises par des militants (graffitis...) deviennent plus fréquentes et plus graves : désobéissance civique, bombes incendiaires, destruction de panneaux de signalisation, voire grèves de la faim. Pendant les années 70 les revendications sont plus pressantes. Les galloisants, représentés par *The Free Wales Army* et le *Meibion Amddiffyn Cymru* (Les Fils de la défense galloise), réclament le droit de parler leur propre langue au quotidien. La justesse de ces demandes est reconnue et de nombreuses autorités et associations consentent un certain effort afin de mettre en place une politique nationale de bilinguisme réel. Des progrès sensibles sont réalisés surtout dans le monde de l'éducation. Toutes les écoles primaires et secondaires doivent enseigner les rudiments du gallois à tous les enfants. Et le nombre d'écoles où le gallois est la langue d'enseignement est en progrès constant. Les médias gallois sont florissants : la presse, les stations de radio (privée et BBC), les chaînes de télévision (telles que S4C, fondée en 1982) ainsi que l'édition (littérature, poésie, mais aussi manuels, brochures) sont autant de preuves de la vitalité de la langue. Le gallois est largement utilisé dans la vie quotidienne. Depuis le *Welsh Language Act* de 1993 tout document officiel (permis de conduire, feuille d'impôts, facture de téléphone...), tout panneau d'information ou de signalisation etc., tout rapport ou compte rendu d'affaire public doit être rédigé dans les deux langues. À l'Assemblée nationale on emploie une équipe d'interprètes et de traducteurs pour que la règle du bilinguisme soit respectée. Évidemment, cette politique est coûteuse et n'est pas sans provoquer des critiques, surtout de la part des Gallois anglophones. Néanmoins, il semble que l'avenir de la langue soit désormais assuré. L'héritage national et la culture celtique seront préservés non par un nationalisme étroit, tourné vers le passé, mais parce qu'on a compris que les futurs intérêts du pays passent par une certaine autonomie fondée sur une confiance enracinée dans une culture qui est reconnue et appréciée.

Le pays de Galles aujourd'hui — le déclin économique

Le pays de Galles connaît une période de prospérité et de plein emploi jusqu'aux années 20. La fin de la Grande Guerre est suivie par le début de la dépression économique. Dès 1923 la réduction des exportations et la concurrence étrangère ont un effet considérable sur l'industrie lourde, notamment les charbonnages et la métallurgie, ainsi que sur la production agricole. Alors commence la fermeture de puits, de fonderies et d'usines et une baisse de l'activité portuaire. Le chômage grimpe, touchant parfois 40 % de la population, voire 80 % dans certaines régions comme les « vallées » industrielles au nord de Cardiff. En même temps on assiste à une baisse démographique due à la migration des ouvriers et de leurs familles, principalement vers l'Angleterre.

Dès 1934 l'État intervient directement et crée une zone prioritaire dans une partie du bassin houiller du sud. La Seconde Guerrre mondiale apporte une petite reprise à l'économie galloise, mais l'effort interventionniste est maintenu après la guerre par le gouvernement travailliste, élu en 1945. La création de zones industrielles est accompagnée d'un programme de nationalisations : les charbonnages, l'électricité, le gaz et la sidérurgie sont nationalisés. Le pays connaît une certaine baisse du chômage mais la croissance économique et démographique est très lente.

La quasi-disparition des mines de charbon et la crise continue et permanente de la sidérurgie sont accompagnées de la transformation de l'économie galloise. On assiste à la diversification de l'économie galloise et à la disparition de la mono-industrie de certaines régions. De nouvelles industries légères sont implantées : la fabrication d'accessoires automobiles, de matières plastiques et de textiles artificiels. L'industrie pétro-chimique se développe également, accompagnée par l'installation de grandes raffineries de pétrole.

Aujourd'hui l'économie galloise est caractérisée par un certain nombre de facteurs. On note d'abord le développement du secteur tertiaire : les services, et surtout le tourisme, connaissent un essor depuis les années 70. Ensuite, l'intervention de l'État, poursuivant une politique de primes, de subventions, d'allégements fiscaux, et la distribution de fonds européens dans plusieurs secteurs (fonds sociaux, structurels, etc.) jouent un rôle primordial dans la régénération du pays. Attirés par les perspectives qu'ouvrent ces subventions, certains investisseurs étrangers (européens et asiatiques) ont établi des centres de production (Toyota, LG, Aiwa ...) mais la réussite commerciale de cet « *inward investment* » n'est pas garantie. La *Welsh Development Agency*, fondée en 1976, est l'agent chargé de la distribution de ces fonds et de la promotion du pays de Galles auprès des investisseurs potentiels.

L'État veille aussi à ce que certaines agences nationales soient implantées à l'ouest d'Offa's Dyke : le Centre d'immatriculation des voitures se trouve à Swansea, l'Hôtel de la Monnaie est à Llantrisant, près de Cardiff.

Le troisième facteur, d'importance récente, est la féminisation de la main d'œuvre. Traditionnellement, le travail féminin est resté inférieur à celui du Royaume-Uni dans son ensemble, mais certains éléments ont joué pour changer ce profil et faire en sorte qu'aujourd'hui au pays de Galles il y a égalité entre les hommes et les femmes, du moins numériquement, sur le marché du travail. D'après une étude menée par le syndicat GMB en mai 2001, dans certaines régions, notamment autour de Swansea et Neath, l'élément féminin dépasse les 50 %, atteignant presque 60 % à Ceredigion. Le développement du secteur des services, domaine traditionnel des femmes, et l'importance croissante des emplois basés sur les « *soft skills* » (les compétences communicatives, les soins, les conseils) favorisent l'insertion des femmes dans le monde du travail. L'implantation de plusieurs centres d'appels par les banques, les sociétés d'informatique, les sociétés d'assurances etc. en est la preuve. Au printemps 2001, dans le cadre d'une économie en bonne santé, au pays de Galles le taux de chômage, toutes catégories confondues, tombe à 4,4 % comparé au taux national britannique de 3,4 %.

Toutefois, en dépit de la diversification de l'agriculture galloise et de l'intérêt croissant pour les produits biologiques, la division entre le nord et le sud du pays est toujours très marquée. Quelques petites industries de transformation concentrées autour de Wrexham et Flint ne suffisent pas à enrayer le dépeuplement de cette région. La désertification du centre est également inquiétante. La création de Parcs nationaux (environ un quart du territoire national) et de zones sensibles pour l'environnement n'empêchent pas la nécessité de compter sur l'aide communautaire ou l'assistance de l'État pour survivre.

Le lent progrès de la dévolution

Lorsque, en mai 1999, la reine Élisabeth II inaugure la *National Assembly for Wales*, c'est l'aboutissement d'un très long processus par lequel la Principauté a petit à petit établi sa différence et son identité. L'Écosse a toujours gardé ses propres institutions, mais depuis plus de 700 ans, l'administration du pays de Galles est étroitement liée à celle de l'Angleterre. En reconnaissance des particularités galloises, la dévolution au pays de Galles consiste tout simplement en une série de réformes administratives et notamment en une décentralisation des pouvoirs administratifs et exécutifs de Londres vers Cardiff — la capitale galloise depuis 1955. Notons ici qu'il faut d'abord prendre en compte les réformes de l'administration locale. Les 13 comtés historiques, créés par Henri VIII, sont réduits à 8 en 1974. En Angleterre et au pays de Galles on crée alors un système de gouvernement à deux niveaux : le comté et le district. Ensuite, en 1996, on réduit ce système à un seul niveau d'administration locale : le « *single tier unitary authority* », et le pays de Galles se trouve avec 22 conseils qui gèrent les anciens comtés et les grandes agglomérations.

Au plan national, le premier ministère doté d'un conseil spécial pour les affaires galloises est le ministère de l'Éducation, créé en 1907. Ce *Welsh Department* peut se consacrer aux besoins spécifiques des écoles galloises et joue un rôle déterminant dans la promotion de la langue galloise. En 1911 le pays de Galles, à égalité avec l'Irlande et l'Écosse, bénéficie d'une commission nationale pour appliquer, d'une façon assez autonome, la loi sur les assurances sociales. Ensuite, à l'instar de l'Écosse, un an plus tard on nomme un Commissaire agricole et on établit le « *Agricultural Council for Wales* », reconnus plus aptes à gérer les questions agricoles galloises que les bureaucrates londoniens, du simple fait qu'ils se trouvent sur place.

4.2. Population du pays de Galles, 1998

	Population '000s	Densité au km^2	Migrations +/- %
Cardiff / Caerdydd	321	2,285	7,0
Newport / Casnewydd	139	722	1,7
Torfaen / Tor-faen	90	716	-1,3
Blaenau Gwent	72	664	-1,4
Caerphilly / Caerffili	170	614	-1,1
Swansea / Abertawe	230	604	-0,9
Rhondda Cynon Taff	240	569	1,3
Bridgend / Pen y bont ar Ogwr	131	535	1,6
Merthyr Tydfil	57	514	-5,0
Vale of Glamorgan / Bro Morgannwg	121	363	1,7
Flintshire / Sir y Flint	147	338	3,0
Neath Port Talbot / Castel-nedd	139	314	-0,5
Wrexham / Wrecsam	125	252	1,8

Denbighshire / Sir Ddinbych	91	108	-1,3
Monmouthshire / Sir Fynwy	86	102	7,3
Conwy	112	99	3,1
Anglesey / Sir Ynis Môn	65	91	-5,8
Pembrokeshire / Sir Benfro	114	71	0,6
Carmarthenshire / Sir Gaerfyrddin	169	71	-0,9
Gwynedd	117	46	1,2
Ceredigion	71	39	6,2
Powys	126	24	4,9
WALES /CYMRU	2,933	141	1,4

Après la Seconde Guerrre mondiale, dix-sept ministères ont des unités administratives au pays de Galles mais c'est un processus de décentralisation d'ordre tout à fait pratique. Il n'y a pas de grand plan. Cependant, Winston Churchill, alors Premier ministre, voit l'intérêt d'avoir un membre du Cabinet qui veille sur les affaires de la région pour que, éventuellement, il y ait une politique et un processus de prise de décision plus homogènes et cohérents. Le ministre de l'Intérieur, sir David Maxwell-Fyfe, dont la circonscription est en Angleterre, est nommé secrétaire d'État pour le pays de Galles en 1951. Cependant, il n'a pas de pouvoirs exécutifs et n'a pas de véritable ministère à gérer. Les gouvernements conservateurs qui suivent ne comptent pas de secrétaire d'État au *Welsh Office* parmi leurs ministres. Par contre, en 1960, on met en place le Grand Comité Gallois, composé des 40 députés gallois, et jusqu'à cinq autres députés nommés au besoin. Ce comité existe toujours et est chargé de débattre des questions galloises exclusivement ; il peut effectuer la deuxième lecture des projets de loi qui ne concernent que le pays de Galles et en débattre, mais il n'a aucune responsabilité.

Ce n'est qu'en octobre 1964 que James Griffiths, député de Llanelli, est nommé secrétaire d'État au pays de Galles, c'est à dire au *Welsh Office*, conformément aux promesses faites par les travaillistes dans leurs différents manifestes électoraux. Ses pouvoirs exécutifs sont limités aux domaines du logement et des routes. Il a aussi le droit de participer aux processus de prise de décisions économiques. Lentement, ses responsabilités s'étendent, surtout dans les domaines de la santé et de l'éducation. Le pays de Galles bénéfice alors d'avantages qu'aucune région d'Angleterre ne connaît, car sa représentation au niveau du Cabinet lui permet une voix et une considération spéciales. Comme nous l'avons déjà mentionné, contrairement à l'Écosse, la loi qui gouverne le pays de Galles est toujours la loi anglaise, votée à Westminster, et la mise en œuvre de la politique au pays de Galles est séparée du pouvoir de légiférer, qui reste donc à Londres. Le danger alors est que le gouvernement de la Principauté soit exercé par des bureaucrates et non par des élus.

On peut noter que, pendant les années où les conservateurs sont au pouvoir (essentiellement de 1970 à 1997, sauf la période de 1974 à 1979) le secrétaire d'État aux affaires galloises a un rôle difficile à jouer car le parti conservateur n'est pas majoritaire au pays de Galles mais étayé comme il l'est, par un grand nombre d'organismes publics et d'organismes semi-publics (« *quangos* »), Westminster continue à contrôler la vie dans la Principauté.

Les premières demandes sérieuses pour un parlement gallois sont liées aux propositions de réforme administrative, et c'est le parti travailliste en 1965 qui devance les exigences de Plaid Cymru. Un groupe de travail propose la création d'un conseil gallois qui n'aurait pas de pouvoirs dévolus mais qui serait responsable de l'administration du pays.

Cependant, cette idée n'est pas bien accueillie par les ténors du parti travailliste (y compris James Callaghan, député de Cardiff et Premier ministre d'avril 1976 à novembre 1980), qui craignent la montée de Plaid Cymru et le début d'un mouvement séparatiste. En effet, pendant les années 70 un fort courant contre la dévolution se fait jour au sein du parti travailliste, dont le chef de file est Neil Kinnock, député gallois.

La Commission royale, mise en place par le gouvernement Wilson en 1969, présente son rapport en 1973 et propose, dans sa majorité, la dévolution pour l'Écosse et le pays de Galles, ne prévoyant pas de problème concernant le gouvernement de l'Angleterre (voir le chapitre 5). Il faut attendre les élections de 1974 (février et octobre) pour qu'un projet de loi sur la dévolution vers l'Écosse et le pays de Galles soit publié — et ceci surtout pour des raisons de convenance politique : le gouvernement Wilson a besoin du soutien des députés nationalistes.

Ce projet de loi est très similaire à ceux proposés par le gouvernement Blair en 1997.

Mais, les débats à Westminster sont l'occasion de querelles, de compromis, de dissidence et de règlements de comptes, et en février 1977 le *Scotland and Wales Bill* est rejeté.

Le gouvernement travailliste signe alors un pacte avec le parti libéral et à la fin de la même année propose deux projets de loi séparés. Un amendement important exige que 40 % de l'électorat approuve la dévolution lors d'un référendum — outil politique inconnu au Royaume Uni jusqu'aux années 70. En effet, c'est en 1975, lors du vote sur la pérennité de l'adhésion à la Communauté européenne, qu'un référendum mobilise les électeurs britanniques pour la première fois.

Le 1er mars 1979, c'est l'échec du *Scotland Act* — 33 % seulement des électeurs écossais soutiennent le projet de loi, et le *Wales Act* est rejeté par presque 80 % des votants (46 % des inscrits). (Voir tableau 1.1.) Rappelons les chiffres pour le pays de Galles :

4.3. Le référendum de 1979 au pays de Galles

	% des votants	% des électeurs
pays de Galles		
participation	-	58,3
Oui	20,2	11,8
Non	79,8	46,5

En fait, l'amendement et le référendum ont, d'une certaine façon, contribué à cet échec en exigeant qu'un grand nombre d'électeurs participent au vote et que le projet soit fortement soutenu. Au pays de Galles certains ont peur qu'une Assemblée galloise soit encore dominée par les travaillistes. D'autres appréhendent l'arrivée au pouvoir des galloisants du nord. On craint également qu'une couche administrative supplémentaire ne coûte cher. Mais, surtout, les Gallois ont l'impression que le projet est mal préparé et trop confus.

Vers une Assemblée nationale

Après la défaite du gouvernement Callaghan, la campagne travailliste en faveur de la dévolution perd un peu de son élan, et le gouvernement conservateur de Margaret Thatcher, élu le 3 mai 1979, annule le projet de loi en juin. Néanmoins, les dix-huit années d'opposition qui suivent permettent aux travaillistes, sous la direction successive de Michael Foot, Neil Kinnock, John Smith et Tony Blair, d'affermir leur engagement vis-à-vis de la dévolution.

Le pays de Galles, tout comme l'Écosse, continue à voter travailliste et la politique nationale uniforme imposée par Westminster s'avère incompatible avec les attentes et les besoins de ces populations, qui votent à gauche et qui ont un sens profond de la solidarité sociale. L'économie de marché, le monétarisme et la stratégie d'autorité et de contrôle du pouvoir central ne leur conviennent pas.

La création de la Convention en Écosse (voir chapitre 3), montre qu'il y a, effectivement, un désir de représentation nationale, sans forcément un soutien au parti nationaliste. Une coopération sur le terrain avec d'autres partis, notamment les libéraux-démocrates, pour garder la dévolution comme enjeu électoral incite les travaillistes à remettre la question au premier plan. Tony Blair, élu chef du parti travailliste en 1994, insiste sur l'importance d'un deuxième référendum afin de justifier l'éventuelle mise en place de parlements écossais et gallois.

Le gouvernement Blair, élu en mai 1997, connaît bien les résultats du référendum de 1979 et ne souhaite pas essuyer un échec au pays de Galles cette fois-ci. On adopte alors une tactique pour persuader les Gallois — plus réticents que les Écossais au sujet d'une assemblée galloise — qu'il faut voter « OUI ».

En juillet 1997 le gouvernement Blair publie le projet de loi « *A Voice for Wales* » ; les Gallois sont appelés aux urnes le 18 septembre, une semaine après les Écossais, conscients, donc, que ceux-ci ont voté massivement pour un parlement à Édimbourg (voir chapitre 3). Un million d'électeurs, c'est-à-dire, un peu plus de la moitié de l'électorat (51,3 %), se déplacent, afin de répondre à une seule proposition :

"*I agree/don't agree that there should be a Welsh Assembly.*"

50,1 % d'entre eux votent pour l'Assemblée (559 419 voix). 49,9 % votent contre (552 698)

La participation est faible, et l'approbation est très juste — mais cette fois-ci au moins il n'y a pas d'amendement qui exige l'assentiment de 40 % de l'électorat. Cependant, encore une fois, la division du pays est clairement indiquée : les régions les plus anglicisées, l'Est, le sud-est et les grandes villes (sauf Swansea) ont voté contre le projet. C'est le pays de Galles galloisant, les régions du nord et les anciennes régions industrielles des vallées, qui ont voté en faveur de la proposition.

Le vote est entériné par *The Government of Wales Act 1998* et on élit les premiers membres à l'Assemblée nationale en mai 1999.

Cette loi établit l'Assemblée nationale et détermine le transfert des pouvoirs dévolus du secrétaire d'État vers l'Assemblée.

Peut-on dire alors, d'après ce résultat, que cette toute petite majorité indique vraiment l'affirmation d'une identité galloise ? Comparé au résultat de 1979 il semblerait que le sens de l'identité nationale soit mieux ancré certes, mais aussi que l'Assemblée nationale du pays de Galles doive, entre autres, renforcer et intensifier ce sentiment.

L'Assemblée nationale du pays de Galles — *Cynulliad Cenedlaethol Cymru*

Implantée à Cardiff dans la zone de développement de Cardiff Bay (malgré une petite campagne en faveur de la ville de Swansea), en attente de nouveaux bâtiments spécialement construits, l'Assemblée nationale entre en fonction le 1er juillet 1999. L'ouverture officielle, le 26 mai, par la reine Élisabeth, est l'occasion d'une grande fête.

Les membres gallois — *Assembly Members*, ou *AMs* — sont 60 au total et sont élus en deux scrutins, le 6 mai 1999. Quarante membres représentent les circonscriptions parlementaires et sont élus lors d'un scrutin uninominal et à majorité relative, tout comme les députés à Westminster. Les vingt autres sont élus selon un système de représentation proportionnelle. Quatre membres supplémentaires sont élus pour chacune des cinq circonscriptions européennes, créées en 1994.

4.4. Représentation électorale au pays de Galles, nombre de sièges, 2001

	Assemblée nationale - AMs			Parlement à Westminster (MPs)	Parlement européen (MEPs)
	Sièges de circonscriptions	Sièges additionnels	Total		
Travaillistes	27	1	28	34	2
Plaid Cymru	9	8	17	4	2
Conservateurs	1	8	9	0	1

Libéraux-démocrates	3	3	6	2	0
TOTAL	40	20	60	40	5

Le parti travailliste, comme d'habitude, gagne un très grand nombre de voix. Cependant, il n'a pas la majorité absolue à l'Assemblée et se trouve donc obligé de former une administration minoritaire, et dépend de la collaboration des libéraux-démocrates afin de diriger les affaires du pays de Galles.

L'Assemblée se réunit pour la première fois le 12 mai 1999, pour élire le Président de la chambre *(Presiding Officer)* et le Premier ministre (*First Minister*), six semaines avant leur prise de fonctions. Dafydd Elis Thomas devient le premier Président de l'Assemblée, tandis que Alun Michael, député de Cardiff (un des cinq membres à cumuler deux mandats électoraux), est élu Premier ministre, fortement appuyé par le gouvernement Blair.

Pouvoirs et responsabilités de l'Assemblée

Les pouvoirs de l'Assemblée sont limités à la modification de la législation secondaire dans les domaines suivants :

- l'agriculture ;
- les monuments historiques ;
- la culture ;
- le développement économique ;
- l'éducation et la formation professionnelle ;
- l'environnement ;
- la santé ;
- le transport et les routes ;
- le logement ;
- l'industrie ;
- l'administration locale ;
- les services sociaux ;
- le sport et le tourisme ;
- l'urbanisme ;
- la langue galloise.

Dans ces domaines de compétence elle est responsable de la prise de décision, du développement et de la mise en œuvre de politiques assez essentielles. C'est l'Assemblée qui finance directement les services de santé au pays de Galles et qui les dirige. Elle est responsable également de l'application du programme national d'éducation (*National Curriculum*), prenant en compte, par exemple, la spécificité linguistique du pays, et l'enseignement obligatoire du gallois. Elle est responsable de la répartition de tous les fonds en provenance de l'Union européenne, y compris des fonds de soutien et de développement aux entreprises galloises. Pour finir, elle est chargée de la promotion des projets d'harmonisation agriculture-environnement.

Le fonctionnement de l'Assemblée

Le Président est élu par tous les membres et les débats se déroulent sous sa direction. Responsable du bon fonctionnement de l'Assemblée, il veille aussi sur tous les services offerts aux membres et au public (service d'information et de documentation, etc.).

Le Premier ministre est élu par tous les membres et il représente, normalement, le parti qui a le plus grand nombre de sièges. Les membres délèguent leurs pouvoirs exécutifs au Premier ministre. À son tour, celui-ci nomme un certain nombre de ministres, chacun responsable d'un des domaines cités ci-dessus. Les décisions quotidiennes sont prises par le Premier ministre et ce cabinet de ministres. Cependant la majeure partie du travail quotidien de l'Assemblée est assurée par des comités spécialisés, « *Subject and Regional Committees* », où siègent les Membres, avec, à leur tête, un secrétaire qui pilote les débats. Les réunions sont ouvertes au grand public. Certaines de ces réunions sont retransmises à la télévision et à la radio et par internet, comme le sont l'ensemble des séances plénières, deux fois par semaine. Le Premier ministre répond directement aux questions qu'on lui pose pendant une séance hebdomadaire qui dure 15 minutes. Chaque ministre dispose, chaque mois, d'un laps de temps similaire afin de répondre de vive voix aux questions. Le Président doit donner son accord préalable pour tout débat jugé urgent.

À la suite de la dévolution le rôle du secrétaire d'État au pays de Galles a subi une certaine modification. En tant que membre du gouvernement à Westminster il doit veiller aux intérêts gallois lors de la formulation de politiques nationales. En tant que membre d'une commission interparlementaire il est également responsable du bon déroulement de tous les aspects de la dévolution des pouvoirs vers Cardiff. C'est lui qui guide toute la législation primaire qui concerne le pays de Galles à travers tous les processus de sa formulation à Londres. De même, il est responsable du transfert de l'ensemble des fonds octroyés à la Principauté. En 2001, le montant de cette somme est de l'ordre de £7 milliards. Il peut assister à toutes les séances plénières de l'Assemblée mais n'a pas le droit de participer aux débats. Le secrétaire d'État actuel est Paul Murphy, député travailliste de Torfaen, maintenu dans son poste après les élections législatives de juin 2001.

Conclusions

L'Assemblée nationale du pays de Galles a rencontré bien plus d'obstacles sur le chemin de la dévolution que le Parlement écossais et l'Assemblée de l'Irlande du Nord. Sa mise en place est le résultat de manipulations de la part du gouvernement Blair et le référendum de septembre 1997 révèle que les Gallois sont loin d'être enthousiastes à son sujet. D'aucuns pensent qu'on les a dotés d'un organisme impuissant, dépourvu de vrais pouvoirs, caractérisé par des demi-mesures, n'ayant qu'une autonomie factice. D'autres sont mécontents car, selon leur point de vue, l'Assemblée n'est autre qu'un niveau supplémentaire de bureaucratie, superflu et coûteux, mis en place pour faire taire les nationalistes.

Il est vrai aussi que souvent l'histoire et la mise en place de cette assemblée sont éclipsées par des scandales et des conflits de personnes. Celui qui, plus que quiconque, a piloté le projet d'une assemblée vers son aboutissement, le secrétaire d'État gallois, Ron Davies, député de Caerphilly, doit démissionner de son poste suite à un scandale et ne réalise pas son rêve de devenir le Premier ministre de la Principauté. Le gouvernement Blair nomme alors Alun Michael au poste de secrétaire d'État mais celui-ci n'obtient pas le soutien de la majorité des membres de l'Assemblée pour en devenir Premier ministre et doit démissionner à son tour en février 2000 plutôt que de faire face à une motion de censure. Rhodri Morgan, député de Cardiff, reçoit l'approbation quasi-générale de ses collègues à l'Assemblée et est élu Premier ministre en mars 2000, Paul Murphy étant secrétaire d'État à Westminster.

Les travaillistes, qu'il soient à Westminster ou à Cardiff, ne sont pas les seuls à rencontrer des difficultés : le leader des conservateurs à Cardiff, est traduit devant la justice pour une affaire de violence ; le chef des libéraux-démocrates à l'Assemblée est soupçonné de corruption, etc. Une série de problèmes marquent ainsi les premiers pas de l'Assemblée, et en influencent la perception populaire.

L'Assemblée est-elle inutile et encombrante, une perte de temps et d'argent ? Ou bien la mise en place de l'Assemblée est-elle simplement une étape, importante, certes, dans le processus de la dévolution, qui se déroule vers une indépendance galloise ? L'Assemblée elle-même n'est pas une fin en soi, comme le disait Ron Davies.

La fin du processus est inconnue et, malgré l'apathie actuelle d'une minorité importante, certains observateurs estiment qu'une majorité des Membres souhaitent obtenir les mêmes pouvoirs législatifs que le Parlement écossais, considérant que la réalisation de leur rêve d'autonomie n'est plus qu'une question de temps.

Sites internet

Welsh Assembly Government	www.wales.gov.uk
Secretary of State for Wales	www.ossw.wales.gov.uk
Plaid Cymru	www.plaidcymru.org
Welsh Development Agency	www.wda.org
Welsh Language Board	www.bwrdd-yr-iaith.org.uk

Chapitre 5

LES COMPLICATIONS CONSTITUTIONNELLES

Ayant examiné les parcours historiques qui ont mené à la mise en place des trois assemblées nationales au Royaume-Uni, et après avoir vu leur façon de fonctionner, il convient maintenant de considérer les limites qui leur sont imposées. Les gouvernements dévolus ont aussi créé quelques problèmes, et ont soulevé un certain nombre de questions, et il n'est pas certain qu'on connaisse les réponses. Nous examinerons donc les inévitables critiques de la dévolution.

La dévolution délimitée

Comme on l'a déjà évoqué dans les chapitres 3 et 4, le *Scotland Act* et le *Wales Act* de 1998 sont votés au Parlement de Westminster sans être examinés en détail. Même à la Chambre des lords, où, lors des débats tronqués on a souligné les difficultés que la dévolution risquait de soulever, les projets de loi ne sont pas modifiés pour autant. Néanmoins, ce n'était pas dans l'intention des rédacteurs de ces projets de loi de mettre en cause l'unité du Royaume-Uni, et le *Scotland Act* contient un certain nombre de mesures qui doivent délimiter les pouvoirs du Parlement écossais afin de préserver la souveraineté du Parlement britannique à Westminster. Rappelons que le Parlement écossais connaît une dévolution législative ; il peut légiférer. L'Assemblée nationale du pays de Galles connaît une dévolution exécutive ; elle ne possède que des pouvoirs de législation secondaires. Il fallait donc que le rétablissement du Parlement écossais soit entouré de précautions et que l'instauration de l'Assemblée nationale soit circonspecte mais généreuse. Le cas de l'Assemblée de l'Irlande du Nord est particulier et nous l'étudierons à part plus tard.

Le Parlement écossais

Nous avons vu que certains pouvoirs et fonctions dans quelques domaines bien définis sont réservés au gouvernement de Londres, le Parlement écossais ne pouvant légiférer que sur les affaires dévolues. Notons aussi que le Parlement écossais maintient un rapport direct avec la Couronne. Cette dévolution législative en Écosse est une forme de fédéralisme, puisqu'il s'agit d'un transfert des pouvoirs, de Londres à Édimbourg. Par conséquent, le secrétaire d'État pour l'Écosse, qui siège au cabinet à Westminster, ne joue donc pas le rôle d'intermédiaire entre le Parlement à Édimbourg et le souverain. Lors de la circonscription des pouvoirs du Parlement écossais il fallait protéger le souverain pour qu'il n'ait jamais à arbitrer entre le gouvernement britannique et l'exécutif écossais. Il existe donc une série de précautions pour prévoir et empêcher tout dépassement des limites imposées au gouvernement dévolu.

D'abord, le Président du Parlement écossais (*Speaker*) doit s'assurer que toute législation proposée est, en effet, de la compétence du Parlement, et ne tombe pas dans le domaine des affaires réservées à Westminster. Ensuite, une fois voté par le Parlement, et avant de recevoir l'assentiment royal, tout projet de loi doit être revu par le Procureur général (*Lord Advocate*) afin de vérifier que la loi proposée reste toujours dans le domaine de compétence du Parlement écossais. Le secrétaire d'État peut bloquer le progrès d'un projet de loi lorsqu'il croit que la loi proposée aurait un effet néfaste sur une « affaire réservée », par exemple la défense, ou la sécurité nationale. De plus, une fois signée par le souverain, toute législation écossaise peut être revue par les cours de justice en Écosse.

Néanmoins, le Président du Parlement écossais connaît des pouvoirs plus étendus que ceux de son homologue à Westminster. Il peut, par exemple, proposer au souverain les candidats au poste de Premier ministre. Ceci contraste avec la pratique à Westminster, où le chef du parti majoritaire devient Premier ministre. Le Président écossais peut aussi demander la dissolution du Parlement en cas d'absence de majorité gouvernementale ; tandis qu'à Westminster, c'est le Premier ministre qui prend cette décision. Autrement, le Parlement écossais est élu pour une période de quatre ans ; la date des élections est donc connue d'avance. Les prochaines élections auront lieu en 2003. Ce n'est pas le cas à Londres où la date des élections législatives est fixée par le Premier ministre seul, cinq ans au plus après les dernières élections.

L'Assemblée nationale du pays de Galles

La dévolution que connaissent les Gallois est une innovation politique ; le Royaume-Uni n'a jamais connu un tel niveau de gouvernement, ni une telle organisation. Rappelons que l'Assemblée a une fonction exécutive. Sans pouvoirs législatifs, à la différence du Parlement écossais, elle peut légiférer seulement dans les affaires dites « secondaires », les cours de justice décidant, en dernier recours, si l'Assemblée a dépassé, ou non, les limites de ses compétences. Selon le « *Wales Act* » l'Assemblée doit élire non seulement le Premier ministre gallois mais doit aussi établir des comités pour gérer les affaires de l'Assemblée. Le Premier ministre gallois nomme les ministres au Cabinet de l'Assemblée. Ces nominations, ainsi que la composition des comités, reflètent la composition de l'Assemblée, les partis minoritaires ayant une représentation. Ce système n'est pas sans problème : c'est ainsi que le poste de ministre de la Culture, qui est chargé de veiller, entre autres fonctions, sur la langue galloise, est occupé par une Anglaise qui ne parle pas gallois. Ceci est dû au fait que selon la hiérarchie des postes au Cabinet gallois, et d'après le nombre de voix reçues, ce poste ministériel revient aux libéraux-démocrates. On craint aussi qu'un tel système de gouvernement par comités ne fasse jamais briller des leaders motivés et dynamiques.

À l'instar du Parlement écossais, l'Assemblée est élue pour une période fixe de quatre ans, mais elle ne connaît pas la possibilité d'une dissolution précoce en cas d'impasse, comme cela existe en Écosse. Le problème qui risque donc de se poser est justement celui d'une impasse, résultat du système de vote par représentation proportionnelle.

Cette dévolution exécutive ne confère pas à l'Assemblée nationale les pouvoirs que connaît le Parlement écossais, puisqu'il s'agit d'un partage des pouvoirs entre Cardiff et Londres, et il faut toujours décider, chaque fois qu'un projet de loi est proposé à Londres, où et à quel niveau d'administration est situé le pouvoir de prise de décision pour la mise en œuvre de la législation en question. Lorsqu'une loi est votée à Westminster il faut qu'elle soit rédigée clairement, soit afin de laisser de la marge à l'Assemblée, soit de façon très « serrée » pour qu'il n'y ait pas de disparité des deux côtés de l'Offa's Dyke, entre les responsabilités des ministres de l'Assemblée et les ministres à Westminster. Donc, il devient de plus en plus évident qu'il faut un document constitutionnel ou un système de conventions afin de régler la division entre la législation primaire, décidée à Westminster et gérée depuis Londres, et la législation secondaire, qui tombe sous l'égide de Cardiff.

Le système actuel est très embrouillé ; par exemple, dans trois domaines, ceux de l'éducation, de la santé et des services sociaux. La mise en place de la politique passe par trois niveaux administratifs : le gouvernement central, le gouvernement dévolu et l'administration locale : on risque alors un manque de contact entre ceux qui rédigent les lois et ceux qui les mettent en pratique. Le rôle de l'Assemblée en tant que médiatrice est donc essentiel.

Il est vrai que l'Assemblée peut faire pression sur le gouvernement à Westminster pour obtenir la législation primaire dont la Principauté a besoin, mais si la dévolution galloise doit réussir il faudrait que le gouvernement britannique à Westminster accepte d'abord une limitation de ses propres pouvoirs et ensuite une coopération plus étendue avec l'Assemblée nationale.

Le rôle du secrétaire d'État

En ce qui concerne la fonction publique, il est prévu que l'administration ne change pas à l'échelle britannique. Il n'y aura pas de fonctionnariat spécifiquement écossais ou gallois. Cependant, les secrétaires d'État pour l'Écosse et le pays de Galles restent en place, mais ils n'ont plus les mêmes fonctions qu'auparavant. Le rôle du secrétaire d'État pour l'Écosse s'est réduit à celui d'intermédiaire entre le Parlement écossais et le Cabinet à Westminster. Il est le représentant de l'Écosse à Westminster, siégeant au Cabinet britannique, veillant aux intérêts écossais lorsqu'il s'agit des affaires réservées. Il est chargé d'assurer la bonne communication entre Londres et Édimbourg, ce qui se passe à deux niveaux : le secrétaire d'État doit d'abord encourager la coopération entre les deux Parlements, et aussi maintenir les bons rapports entre l'exécutif écossais et le gouvernement britannique. Les fonds octroyés par le Parlement à Westminster passent par le secrétaire d'État qui les verse, à son tour, au Parlement écossais dans un fonds spécial *(Scottish Consolidated Fund).* Le secrétaire d'État actuel est une femme, Helen Liddell.

Quant à Paul Murphy, le secrétaire d'État pour le pays de Galles à Westminster, où il est assisté par une équipe réduite de fonctionnaires et de conseillers, il veille sur la législation primaire qui concerne la Principauté. Mais, rappelons-le, la mise en œuvre de cette législation passe ensuite à l'Assemblée. Comme son homologue écossais, le secrétaire d'État gallois représente l'Assemblée auprès du gouvernement britannique, tout comme il représente le gouvernement de Londres auprès de l'Assemblée à Cardiff. Il a le droit d'assister aux séances de l'Assemblée nationale et peut y prendre la parole.

Cependant, un problème réel se présentera le jour où le secrétaire d'État, qui est nommé par le Premier ministre britannique et qui siège au Cabinet à Westminster, sera membre d'un parti politique, par exemple le parti travailliste, et où la majorité des membres de l'Assemblée ou du Parlement écossais adhéreront à une formation politique différente, par exemple, Plaid Cymru, ou le SNP. Qui, donc, représentera véritablement le pays de Galles ou l'Écosse ? La commission royale sur la constitution (la commission Kilbrandon) recommanda, en 1973, que la responsabilité pour les régions dévolues soit assurée au niveau du cabinet britannique par un nouveau ministre, au ministère de l'Intérieur (*Home Office*). Tel fut le cas de l'Irlande du Nord jusqu'en 1972, et du pays de Galles de 1951 à 1957, mais le problème n'est pas résolu pour autant.

La représentation proportionnelle

Rappelons que les élections à l'Assemblée nationale et au Parlement écossais se déroulent en deux temps. (Au Royaume-Uni, lors des élections, municipales ou législatives, le scrutin habituel est celui de la majorité à un seul tour (*first past the post.*) C'est un scrutin uninominal et à majorité relative qui donne des résultats très clairs.) Les électeurs votent une première fois selon la méthode traditionnelle pour élire un membre qui représentera la circonscription (qui est la même circonscription que pour les élections législatives britanniques).

Le deuxième vote est pour une liste établie par un parti politique (comme lors des élections municipales en France). Quatre membres supplémentaires sont élus dans chacune des circonscriptions européennes. Le nombre de voix que reçoit chaque liste est divisé d'après le système d'Hondt (voir chapitre 2). Mise à part une très brève période en Irlande du Nord entre 1919 et 1922 la représentation proportionnelle est donc une innovation politique au Royaume-Uni. Ce double système est adopté afin de remédier aux inégalités inhérentes à la méthode traditionnelle.

Le scrutin uninominal est critiqué principalement à cause du fait que le(s) candidat(s) élu(s) ne représente(nt) pas très justement l'expression politique des votants. C'est ainsi que, lors des élections législatives britanniques de juin 2001, le parti travailliste n'a obtenu que 40,7 % des voix mais a réussi à gagner 413 sièges à Westminster. Le nombre total de sièges est de 659, et les travaillistes ont donc une majorité de 167. Pour les libéraux-démocrates, la réforme électorale est d'une importance primordiale, car en juin 2001 ils ont obtenu 18,3 % des voix mais n'ont que 52 sièges à la Chambre des communes au lieu des 120 sièges qu'ils réclament. Mise en place à l'échelle britannique pour la première fois le 10 juin 1999 lors des élections européennes, la représentation proportionnelle est adoptée dans les régions dévolues afin d'assurer une plus juste représentation de tous les mouvements politiques.

La représentation proportionnelle est critiquée à son tour, pour deux raisons principales. D'abord, parce que, en l'absence d'une majorité absolue, il faut constamment négocier des alliances et des compromis entre les différents partis politiques. Ensuite, ceux qui critiquent les membres supplémentaires se plaignent que ces députés ne représentent aucun électorat, qu'ils n'ont pas de responsabilité vis-à-vis d'une circonscription et que donc ils n'ont aucune autorité politique.

L'Irlande du Nord

Les problèmes constitutionnels concernant l'Irlande du Nord restent à part, car cette région connaît une forme de gouvernement dévolu depuis 1922. L'Accord du Vendredi Saint, signé le 10 avril 1998, modifie, à son tour, la constitution britannique, mettant en place une Assemblée nord-irlandaise et non un Parlement. La démocratie consensuelle qu'on y installe règle non seulement un problème local, très complexe, mais aussi international, puisque le gouvernement de la république irlandaise est impliqué. La forme de dévolution adoptée pour l'Irlande du Nord doit prendre en compte les particularismes du conflit irlandais. Nous avons vu qu'il fallait restructurer le gouvernement de Belfast afin de créer la nouvelle « *Legislative Assembly* ». Il fallait aussi créer des institutions transfrontalières.

Comme le Parlement écossais et l'Assemblée galloise, l'Assemblée de Belfast n'a pas de chambre haute, et comme eux, elle s'inscrit dans le cadre général de la dévolution britannique, promue par le gouvernement britannique travailliste sous Tony Blair. Cependant, elle présente quelques particularités par rapport aux deux autres gouvernements dévolus. D'abord, le secrétaire d'État pour l'Irlande du Nord a davantage de pouvoirs que ses deux homologues écossais et gallois. Il détient toutes les responsabilités concernant le droit, la police, la sécurité dans la province et les affaires constitutionnelles. John Reid, le ministre actuel, a l'autorité de suspendre l'Assemblée, le cas échéant, comme l'a fait son prédécesseur, Peter Mandelson, le 11 février 2000, malgré l'opposition des MLAs (membres de l'Assemblée) et du gouvernement à Dublin.

Ensuite, nous nous rappellerons l'interdépendance entre le *First Minister* et le *Deputy First Minister*. C'est une véritable dyarchie qui fonctionne bien, restreignant les débordements de l'un et de l'autre.

Pour revenir à l'Accord du Vendredi Saint, nous avons constaté qu'il s'agit d'un traité international. Deux questions intéressantes se présentent alors : d'abord, l'Accord a-t-il créé une nouvelle entité politique dans les îles Britanniques ? Est-ce donc le premier pas vers le fédéralisme ? Ensuite, l'Accord ne donne-t-il pas une double souveraineté sur le nord, puisque Dublin jouit de plusieurs droits de regard sur ce qui se passe dans la partie nord-est de l'île, et peut ainsi influencer directement la politique de Belfast ?

« The West Lothian Question »

La West Lothian est une circonscription parlementaire en Écosse. Dans les années 70, lors des débats à propos de la dévolution, le député travailliste qui représentait la West Lothian à Westminster a posé une question très pertinente, à laquelle on n'a pas encore trouvé une réponse satisfaisante. Tam Dalyell demandait si, après la mise en place d'un gouvernement dévolu en Écosse, il serait acceptable qu'un député écossais siégeant à Westminster continue à voter lors des débats sur des affaires qui ne concernent que l'Angleterre, par exemple dans le domaine de l'éducation ? Après tout, l'éducation étant une affaire dévolue, en Écosse les questions scolaires seraient débattues au Parlement à Édimbourg par les MSPs ; les députés écossais et les députés britanniques à Westminster ne pourraient pas voter à ce sujet.

En l'absence d'une assemblée strictement anglaise, les questions anglaises sont donc débattues par tous les élus à Westminster quelle que soit la circonscription qu'ils représentent.

Le problème de la West Lothian souligne le déséquilibre politique et constitutionnel de la dévolution telle qu'elle est, depuis les lois de 1998. La question qui la sous-tend est la suivante : comment faut-il représenter l'Irlande du Nord, l'Écosse et le pays de Galles au parlement britannique à Westminster ? C'est le problème auquel le Premier ministre Gladstone se heurtait lorsqu'il se débattait avec la question irlandaise à la fin du XIXe siècle.

Plusieurs solutions sont proposées, mais aucune réponse ne s'est révélée satisfaisante :

- on pourrait établir des assemblées régionales en Angleterre, sans pouvoirs législatifs, comme l'Assemblée nationale au pays de Galles ;
- on pourrait exclure les députés qui représentent les circonscriptions nord-irlandaises, écossaises et galloises. Cependant cette solution n'est pas viable car il faut que ces députés siègent lorsqu'il s'agit de débats à propos des affaires réservées. Par exemple, lors des débats sur la défense, il faut qu'ils soient présents ;
- alors, on pourrait adopter la formule de Gladstone, connue comme la formule « *in and out* », c'est-à-dire que les députés en question seraient exclus lorsqu'il s'agit d'affaires purement anglaises, et ils seraient présents tout le reste du temps. Cependant, dans la pratique il est trop difficile de mettre ce système en place, d'autant plus que si le débat concerne les dépenses publiques, toutes les régions du Royaume-Uni sont concernées, surtout s'il s'agit d'une question d'imposition. Le problème est aggravé quand les partis majoritaires sont différents dans les pays différents. Ce cas de figure fut bien illustré en 1964 et 1974, lorsque le parti travailliste dépendait des sièges gagnés en Écosse pour obtenir une majorité des sièges à Westminster ;
- on pourrait réduire le nombre de sièges des députés celtiques, surtout en Écosse, où il y a une surreprésentation

depuis 1992. D'ailleurs, la Commission constitutionnelle avait recommandé cette stratégie.

Enfin, ce déséquilibre est-il acceptable ou pas ? Dans un État unitaire, peut-on accepter ou non l'anomalie d'une dévolution asymétrique ? Il est intéressant de noter qu'ailleurs en Europe, l'État unitaire a su s'accommoder, soit de régions qui connaissent la dévolution à des degrés différents, ou alors de régions qui connaissent un statut spécial. En France, nous avons l'exemple des régimes spéciaux de la Corse et des DOM-TOM ; en Espagne, parmi les dix-sept communautés autonomes qui connaissent un certain degré de gouvernement dévolu, sept bénéficient d'une autonomie encore plus grande. Dans ces deux pays, comme en Italie, au Portugal et au Danemark, la dévolution asymétrique semble viable et même vivable.

Pour l'instant il y a un équilibre fragile au Royaume-Uni. Tant qu'il existe le désir de continuer ainsi, l'unicité du Royaume-Uni est préservée. Cependant, au fil des années, il se peut que la composition des parlements périphériques change. Il est envisageable que le nombre de députés nationalistes augmente. Il se peut alors qu'on demande à renégocier les accords, les structures et l'étendue des pouvoirs. Il est possible aussi que la demande de changement provienne des Anglais (voir plus bas).

Les aspects financiers de la dévolution

Les questions économiques et financières sont primordiales lorsqu'on considère la dévolution, car le degré d'autonomie de chaque parlement dévolu est déterminé par les arrangements financiers qu'il négocie avec Londres. Les ambitions des administrations dévolues en dépendent.

Les sommes d'argent octroyées par le ministère des Finances britannique à Londres sont déterminées chaque année et les montants de ces fonds sont fixés d'après des accords et des critères historiques assez compliqués. Cependant, des fonds supplémentaires sont distribués aux territoires dévolus afin de refléter tout changement dans les dépenses publiques en Angleterre. Ces sommes marginales sont établies d'après une formule développée en 1978 par Joël Barnett, secrétaire d'État au ministère des Finances. Mise en place en 1980, pour servir l'Écosse et le pays de Galles bien avant l'avènement de la dévolution, elle est connue comme la « *Barnett formula* » et elle est toujours en place, quoique légèrement modifiée.

La formule de 1978 qui, à l'époque, ne concernait que l'Écosse et le pays de Galles, est fondée sur les populations de ces deux pays. Les rapports établis alors étaient de 85/10/5. Ceci veut dire qu'une dépense de £85 dans le domaine des dépenses publiques en Angleterre entraîne automatiquement un versement de £10 à l'Écosse et de £5 au pays de Galles. La formule comprend maintenant l'Irlande du Nord, le rapport pour la province étant de 2,75, mais ce chiffre correspond à un rapport à l'ensemble des dépenses britanniques, et non seulement par rapport aux dépenses anglaises. Les dépenses publiques dans les territoires dévolus dépendent donc des sommes dépensées en Angleterre.

La formule est recalculée régulièrement en fonction des mouvements de population dans les pays dévolus. Acceptée par tous les partis politiques, elle contribue à éviter des disputes ou des négociations répétées. Cependant les critiques de la formule prétendent qu'elle ignore les nécessiteux, calculée comme elle l'est d'après la taille de la population et pas selon les vrais besoins des populations concernées. Effectivement, au pays de Galles on estime qu'on est mal servi par cet arrangement financier, les chiffres économiques de la Principauté (PNB par personne, revenus, taux d'activité économique, etc.) étant les plus bas de tout le Royaume-Uni.

Il se peut que les provisions financières pour payer la dévolution soient réexaminées car la situation actuelle est peu satisfaisante. Le système actuellement en place est une solution centraliste et va à l'encontre de l'esprit de la dévolution, car la dévolution des pouvoirs n'est pas accompagnée par une autonomie financière comparable. Le Parlement à Westminster, responsable de la macro-économie britannique, n'est pas prêt à partager ses pouvoirs dans le domaine des taxes et des impôts.

Pourtant, ce rapport de dépendance financière est presque anti-démocratique car les autorités périphériques dépensent de l'argent sans connaître la responsabilité de lever des impôts afin de financer ces mêmes dépenses (le petit pouvoir fiscal que connaît le Parlement écossais n'étant pas très étendu). Cette situation est instable et elle influence les rapports entre le gouvernement central et les gouvernements dévolus. Les seuls à en tirer profit politiquement sont les partis nationalistes, libres de tout lien avec Londres et toujours prêts à condamner Westminster pour sa parcimonie.

Le cas de l'Angleterre

Comme nous l'avons déjà mentionné, la législation de 1998 concernant la dévolution des pouvoirs vers des gouvernements élus en Irlande du Nord, en Écosse et au pays de Galles ne prend pas en compte la dimension anglaise. Cependant, ces très importants changements constitutionnels au Royaume-Uni ne tiennent pas compte de 80 % de la population britannique, et ils renforcent un déséquilibre déjà existant.

Certaines régions de l'Angleterre sont autant nécessiteuses du point de vue économique que leurs voisins dévolus, par exemple, la région du nord-est, autour de Newcastle-upon-Tyne, ou les Cornouailles au sud-ouest, mais elles ne disposent pas de ministres pour plaider leur cause auprès du gouvernement londonien. Ce déséquilibre constitutionnel inquiète certains qui craignent l'avènement d'un déséquilibre économique. Au fur et à mesure que les gouvernements dévolus deviendront de plus en plus puissants et plus assurés, l'Angleterre ne risque-t-elle pas d'être laissée pour compte ?

Cependant, on ne peut pas imposer à l'Angleterre un parlement qu'elle n'a pas réclamé — jusqu'à présent. Cependant, rétablir le Parlement anglais, disparu en 1536 lors de l'annexion du pays de Galles, serait la seule réponse possible à la « *West Lothian Question* ». Néanmoins, cette solution n'est pas praticable — que deviendrait donc le parlement de Westminster ? Un arrangement fédéral ne pourra jamais conférer une égalité aux quatre parlements nationaux. L'importance démographique, économique et politique de l'Angleterre le rendrait inopérable.

Il semble logique alors qu'une dévolution anglaise doive consister en une dévolution vers les régions anglaises.

Le gouvernement de l'Angleterre

Depuis 1994 l'Angleterre est divisée en huit régions, chacune dotée d'une agence régionale qui représente le ministère des Régions *(Department for Transport, Local Government and the Regions — DTLR)*. À partir de 1997, dans chaque région est fondée une Chambre régionale (*Regional Chamber*) qui représente les intérêts des régions auprès des agences de développement régionales (*Regional Development Agencies — RDAs*).

Le 1er avril 1999 le premier de ces organismes adopte le titre d'Assemblée. C'était le *North-East Regional Assembly,* qui siège à Newcastle-upon-Tyne. Six autres l'imitent. Au printemps 2002 on note l'existence de la *North-West Regional Assembly* à Wigan, la *Yorkshire & Humber Assembly* à Wakefield, l'*East Midlands Regional Assembly* à Nottingham, l'*East of England Regional Assembly* à Cambridge, la *South-East of England Regional Assembly* à Guildford et la *South-West Regional Assembly* à Exeter. Seule la *West Midlands Regional Chamber* garde son ancien titre.

Ces assemblées ne sont autres que de très grands comités, constitués par 72 à 117 membres, nommés afin de représenter tous les centres d'intérêt de la région. 70 % des membres de ces comités représentent les conseils municipaux et les administrations locales, les autres viennent de mondes différents : éducation, industrie, syndicats, chambres de commerce, PMEs, services de santé, œuvres caritatives, groupes représentant les intérêts environnementaux et ruraux, religions, minorités ethniques, arts et culture et associations. Les assemblées se réunissent en séance plénière trois fois par an afin d'examiner toutes les questions concernant la planification à dimension régionale. Le budget que le gouvernement leur alloue n'est pas très élevé — la *North East Assembly* ne dispose que de £861 000 en 2002. Jusqu'au printemps 2002 leur rôle se borne à conseiller le gouvernement et à exprimer les souhaits de la région.

Cependant, le 9 mai 2002, suite aux promesses faites dans son manifeste électoral de 1997, le gouvernement britannique publie un livre blanc intitulé, « *Your Region, Your Choice : Revitalising the English Regions* ». Un référendum déterminera si les électeurs de chaque région souhaitent une assemblée régionale ou pas. Les membres de ces assemblées, dont le nombre serait entre 25 et 30, seraient élus à la proportionnelle et seraient dirigés par un président et un cabinet. Responsables pour le développement économique, l'emploi, le logement, le sport, le tourisme et la culture, le transport et l'environnement, les assemblées seraient financées directement par Westminster et auraient un pouvoir fiscal (impôts locaux). Il est prévu un seul niveau administratif en-dessous des assemblées, celui des conseils municipaux. Un budget annuel moyen de £350 millions est prévu et on estime que chaque assemblée pourrait influencer des dépenses publiques de l'ordre de £500 millions chaque année. Les RDAs (*Regional Development Agencies)* seraient maintenues

Ces parlements régionaux contribueraient à rétablir l'équilibre politique et économique au Royaume-Uni mais la mise en place risque d'être très longue car il faut promulguer une première loi afin d'établir les référendums et, une fois que les électeurs de la première région approuvent le projet, une deuxième loi serait nécessaire afin de mettre en place la première assemblée régionale. Le gouvernement prévoit le premier référendum avant les prochaines élections législatives.

Le soutien pour ce projet est mitigé. Un sondage de la BBC, au mois de mars 2002, révèle que les plus enthousiastes sont, en effet, les gens qui se trouvent le plus loin de Londres, par exemple, dans le nord de l'Angleterre. Les gens du sud-est sont moins attirés par l'idée. Certains n'en voient pas l'utilité ; d'autres craignent une augmentation de la bureaucratie. Par contre, en Cornouailles les nationalistes sont prêts et voient en ces assemblées le premier pas vers une autonomie pour la péninsule. Les défenseurs de la langue et de la culture de la

Cornouailles ont des projets assez avancés pour la mise en place d'un parlement, le *Senedh Kernow*.

Le cas de Londres

La région du Grand Londres (*Greater London*) est l'exception aux projets de réforme du gouvernement régional. En effet, depuis le 3 mai 2000, Londres a, pour la première fois, un maire, directement élu par les Londoniens, ainsi qu'une assemblée, composée de 25 membres, élus par un système très complexe. Le maire et l'assemblée ensemble sont connus comme la *Greater London Authority* (GLA). Son prédécesseur, le Conseil du Grand Londres, a été aboli dans les années 80 par le gouvernement Thatcher, et pendant vingt ans la capitale a été gérée par décret ministériel et par comités. Le gouvernement travailliste de Tony Blair souhaite rétablir une autorité pour gouverner Londres et mener des politiques qui concernent toute la ville, par exemple, les transports, les pompiers, la police, l'urbanisme, tout en évitant les conflits entre Londres et Westminster, caractéristiques du passé. Donc, la *Greater London Authority* semble jouer le rôle de gouvernement régional, mais tout comme le maire, elle a très peu de pouvoirs. Le maire assure surtout les fonctions de coordinateur et de stratégiste ; l'assemblée revoit les stratégies que propose le maire et peut modifier son budget.

Cependant, même si la GLA a deux ans d'avance, au moins, sur les futures assemblées régionales, il n'est pas prévu qu'elle ait les mêmes pouvoirs et les mêmes responsabilités que les assemblées. Elle ne connaîtra pas non plus les pouvoirs dont disposent les gouvernements de Belfast, d'Édimbourg et de Cardiff.

Il faut se rappeler que Londres est composée de 32 « *boroughs* » (subdivisions administratives), chacune avec un conseil municipal indépendant, élu directement par l'électorat d'après le système britannique classique de majorité absolue. Ces conseils sont responsables de l'éducation, des services sociaux et des services publics, et ils sont indépendants de la GLA. C'est à ce niveau que le pouvoir politique existe, car ces conseils ont un pouvoir d'imposition et ce sont eux qui reçoivent directement les fonds et les subventions dont ils ont besoin pour la gestion de leurs programmes municipaux. Le maire de Londres occupe donc un poste plutôt symbolique, même si l'élection du maire actuel, Ken Livingstone, était une victoire personnelle. Renégat radical, exclu du parti travailliste, il emporte l'élection face au candidat officiel du gouvernement Blair. Néanmoins, la mise en place de ce niveau de gouvernement à Londres va à l'encontre de l'esprit de la dévolution. Un maire directement élu est à l'opposé des exécutifs nord-irlandais, écossais et gallois, élus à la proportionnelle et connaissant le partage des pouvoirs avec Westminster.

L'Europe

Le Traité de Maastricht, signé en 1991, donne des ailes aux mouvements dévolutionnistes. Un des principes premiers qui sous-tend l'Union européenne est l'idée que l'État-nation n'est pas forcément le seul niveau de gouvernement ou de prise de décision. Dans certains domaines le niveau supra-national est le mieux adapté (défense, politique agricole,...) ; quelques autres fonctions gouvernementales se réalisent mieux au niveau régional ou encore plus local. C'est ainsi que l'institution d'un Comité des régions et la mise en avant de la notion de « subsidiarité » ont consacré la légitimité des échelons sub-étatiques. Le principe de la subsidiarité demande que les décisions politiques soient prises au plus bas niveau ; cependant, selon le Traité de Maastricht, ce principe ne gouverne que les rapports entre les États membres de l'Union et l'Union elle-même. *A priori,* la subsidiarité ne gouverne pas les rapports entre les gouvernements nationaux et les autorités sub-nationales. Néanmoins, on a franchi un pas supplémentaire vers la légitimation politique des gouvernements dévolus ; on préfigure l'Europe des régions.

Maintenant que les gouvernements dévolus sont en place ils devraient négocier directement avec Bruxelles dans les domaines dévolus, desquels ils ont la responsabilité totale. Mais, le ministre écossais responsable de l'agriculture et des industries de la pêche n'aura jamais le droit statutaire de participer aux négociations au niveau européen. Parallèlement, le ministre britannique qui prendra ce rôle ne serait pas responsable devant le parlement écossais.

Cependant, au cours des trois dernières décennies, la décentralisation ou régionalisation a interpellé la plupart des États européens. Le nouveau paysage constitutionnel britannique ressemble en effet à une moyenne continentale. Il est donc envisageable, que les gouvernements dévolus au Royaume-Uni soient gagnants à la longue. Sans statut officiel à Bruxelles les autorités dévolues pourraient devenir de puissants groupes de pression. Conscientes qu'elles peuvent influencer la Commission européenne elles ont déjà des antennes installées à Bruxelles. Parmi la trentaine de bureaux dans la capitale belge qui assurent la représentation et la promotion des pouvoirs régionaux on compte le *Northern Ireland Centre in Europe, Scotland Europa* et le *Welsh European Centre*. Ce sont essentiellement des agences de développement économique mais ils jouent aussi le rôle de bureaux d'information et de lobbying.

Sans exagérer, on peut parler de l'européanisation des collectivités locales britanniques, car c'est souvent au niveau européen que les intérêts spécifiques d'une région sont mieux pris en compte. Les réseaux européens de développement économique, de transport, d'environnement, etc. , concernent plus souvent les régions plutôt que l'État. Les populations de la périphérie britannique ont compris que les conflits historiques avec le gouvernement central à Londres pourraient être court-circuités, évitant ainsi les conflits historiques entre le sud conservateur et les périphéries nationalistes et/ou travaillistes qui ont marqué le XXe siècle.

La Réforme de la Chambre des lords

Bien que ce sujet ne concerne pas la dévolution, c'est une réforme constitutionnelle de la plus haute importance. En effet, le gouvernement Blair a déjà effectué les premiers pas vers l'instauration d'une deuxième chambre qui serai plus représentative et qui serait élue ou mise en place d'une façon plus démocratique. Effectivement, depuis le 11 novembre 1999, l'ancienne chambre et ses pairs héréditaires, ses évêques et ses lords nommés par les partis politiques en guise de remerciements pour services politiques rendus, est abolie, et le nombre de ses membres réduit à presque la moitié. À sa place siègent 704 pairs, dont seulement 92 pairs héréditaires. Une commission est mise en place en février 2000 avec Lord Wakeham à sa tête, et à la suite d'une enquête, elle publie son rapport sur la réforme des Lords en janvier 2000. Le rapport préconise plus de 130 changements, mais plus de dix-huit mois plus tard aucune recommandation n'est mise en place, et les débats continuent. Le rapport Wakeham est attaqué par certains députés travaillistes, par les partis politiques de l'opposition et par les médias. Au mois de mai 2002 un nouveau comité, composé de députés de tous bords et de pairs, est mis en place afin de réexaminer le problème.

Les changements introduits dans l'architecture constitutionnelle depuis la première élection du gouvernement travailliste sous Tony Blair sont donc importants et radicaux. Nous avons vu, en fait, que ces réformes ne se bornent pas simplement à la dévolution des pouvoirs vers les anciens pays des Celtes. La dévolution fait partie d'un programme plus ou moins bien élaboré, qui vise à transformer la façon dont le Royaume-Uni est gouverné. La résurgence de la question anglaise et la réforme des Lords se situent, tout autant que la dévolution, au centre de la rénovation politique.

Sites internet

Houses of Parliament	www.parliament.uk
10 Downing Street	www.number10.gov.uk
Government of the Regions	www.detr.gov.uk
Charter 88	www.charter88.org.uk

Chapitre 6

L'UNION SANS L'UNITÉ

Lorsque, au printemps 2002, la reine Élisabeth II fêta un demi-siècle de règne, elle tint à rendre visite aux quatre coins de son royaume. Le point d'orgue des visites aux nations celtiques fut, chaque fois, le discours qu'elle prononça devant les parlements dévolus. À Édimbourg, elle révéla qu'elle suivait attentivement et avec beaucoup d'intérêt le travail de tous les parlements et exprima l'opinion que les administrations dévolues renforcent les liens entre les nations du Royaume-Uni. De même, à Cardiff, devant l'Assemblée, qui a changé de nom et s'appelle désormais the *Welsh Assembly Government*, elle reconnut que ces nouveaux gouvernements sont plus proches de l'électorat et doivent donc rendre davantage de comptes au public. Elle admit que l'Assemblée joue un rôle évolutif dans la constitution britannique, y voyant un exemple de la flexibilité paisible du système politique britannique. Cette même souplesse permet à tous les membres des trois administrations dévolues de prendre leur place dans le parlement sans jurer fidélité à la reine, tandis que deux députés Sinn Féin, élus à Westminster pour représenter en toute légitimité leurs circonscriptions nord-irlandaises ne peuvent pas et ne veulent pas siéger à la Chambre des communes tant qu'ils n'ont pas prêté serment d'allégeance à Sa Majesté.

Au grand étonnement de beaucoup, et surtout des médias, l'accueil que la reine reçut de la part du peuple et des parlementaires fut enthousiaste et chaleureux. De même, à Belfast, où sa seule présence est à la fois, d'une part un symbole de l'unionisme et d'autre part pour les nationalistes, l'ultime symbole de l'occupant, sa visite se passa sans incident, son discours fut écouté et applaudi.

Mis à part l'affection et le respect pour sa personne qu'ont montrés les différentes populations pendant ses déplacements, on peut voir dans ces manifestations sans controverses la preuve que la dévolution a, en quelque sorte, apaisé les passions nationalistes. Il semblerait donc qu'il n'y ait guère que les événements sportifs pour les raviver, comme en témoigne la joie manifestée dans les pays dévolus lors de l'élimination de l'équipe d'Angleterre de la Coupe du monde de football qui eut lieu pendant cette même période.

Cet enthousiasme nationaliste sportif, que ce soit au football, au rugby, etc., est à opposer à l'apathie et au désintérêt de l'électorat qui furent tellement évidents le 27 septembre 2001 lors d'une élection partielle à Swansea, pour l'Assemblée galloise. Après la mort d'un AM (*Assembly Member*), seulement 22,6 % des électeurs se sont rendus aux urnes pour élire le nouveau membre. Divers affaires et scandales ont contribué au ternissement de la réputation des gouvernements autonomes, et la construction de nouveaux bâtiments pour les Chambres à Cardiff et à Édimbourg a occasionné, dans les deux villes, des dépassements de budgets et des débats venimeux.

Que les passions nationalistes soient détournées vers le sport ou pas, ces trois pays ont chacun une longue histoire nationale et une identité à part que représentent leurs parlements actuellement. Ceci est particulièrement vrai en ce qui concerne l'Écosse dont l'histoire est très distincte de celle de l'Angleterre, dont les anciennes institutions sont restées intactes et où une large partie de la population réclame l'auto-détermination. Le rétablissement du Parlement écossais et la mise en place des assemblées galloise et nord-irlandaise ont donc un impact psychologique, lié à la reconnaissance de l'identité et ajouté aux caractéristiques géographiques. L'éloignement de Londres et la situation sur la périphérie de l'État renforcent le sentiment qu'un pouvoir centralisateur n'a pas, n'a plus de rôle à jouer dans le gouvernement de ces trois nations.

Mais, au bout du compte, c'est la situation politique qui déterminera la future utilisation des pouvoirs dévolus. Du point de vue constitutionnel théorique, les parlements dévolus sont subordonnés à Westminster. Mais, en réalité, ces parlements parlent au nom du peuple, à travers le Premier ministre de chaque assemblée. Ce n'est pas le secrétaire d'État à Londres qui a ce rôle. Si jamais il y a un conflit politique, par exemple entre Londres et Édimbourg, le gouvernement britannique aura beaucoup de mal à faire valoir et imposer sa suprématie. Le pouvoir dévolu, c'est le pouvoir transféré. Les pouvoirs politiques sont donc désormais divisés. En l'absence d'une Cour constitutionnelle au Royaume-Uni, l'ultime autorité reste entre les mains du Comité juridique du Conseil privé, mais ce comité ne peut se prononcer que sur une législation passée par le Parlement écossais qui dépasserait le cadre du *Scotland Act 1998*. Rappelons aussi que le gouvernement à Westminster ne peut pas changer d'une façon unilatérale les dispositions mises en place pour l'Écosse. Toute modification doit être entérinée par le Parlement écossais.

Même à Belfast, où le gouvernement de Westminster n'a pas eu de problème par le passé à imposer sa suprématie, la situation a changé. Jusqu'à présent, les instances protestantes du pouvoir dans la province n'ont cherché ni le conflit ni la sécession auprès de Westminster. De plus, le but du *Northern Ireland Act* de 1998 était non seulement de proroger toutes les autres lois qui concernaient le gouvernement de la province — *le Government of Ireland Act (1920)*, le *Northern Ireland Constitution Act (1973)*, le *Northern Ireland Assembly Act (1973)*, le *Northern Ireland Act (1974)*, et le *Northern Ireland (Elections) Act (1998)* — mais surtout de créer le cadre légal de l'Accord de Belfast. Il fallait les circonstances extrêmes de février 2000 pour que l'Assemblée soit suspendue. Et l'ironie, c'est que le secrétaire d'État avait agi pour empêcher la chute de l'Assemblée. Son intervention était destinée à préserver l'institution et ses pouvoirs.

Le cas du pays de Galles n'est pas identique à cause des pouvoirs plus restreints de l'Assemblée. Cependant, à Cardiff comme à Belfast et à Édimbourg c'est justement le sentiment de frustration à propos de la limitation des pouvoirs qui incite certains à réclamer une indépendance encore plus marquée.

Et les administrations dévolues n'ont pas tardé à se démarquer avec des initiatives législatives. Le Parlement écossais, par exemple, a voté une loi interdisant la chasse à courre, une loi contre les châtiments corporels parentaux à l'encontre des enfants, une loi abolissant les frais de scolarité universitaire pour les étudiants écossais ; l'Assemblée galloise, par exemple, a déclaré la gratuité des médicaments pour les jeunes de moins de 25 ans, a réintroduit le système de bourses aux étudiants (les bourses ayant été abolies au Royaume-Uni en 1997), et a interdit la culture des organismes génétiquement modifiés. En outre, ce sont les membres gallois qui ont utilisé la chambre de l'Assemblée pour exprimer leur désapprobation du bombardement de l'Afghanistan le 23 octobre 2001, — ce qui a soulevé une controverse car les affaires étrangères sont du domaine de Westminster. L'Assemblée a donc dépassé ses prérogatives.

Il est difficile, pour différentes raisons, de prédire comment les pouvoirs dévolus seront utilisés à l'avenir. Vu le chevauchement inévitable entre les affaires dévolues et les affaires réservées, les procédures de liaison et de coopération entre le Parlement à Westminster et les parlements dévolus sont revues régulièrement, selon une série d'accords, le « *Memorandum of Understanding* » et ses Concordats associés, mis en place en octobre 1999.

Si la dévolution et le nationalisme ne vont plus de pair, quel est donc l'avenir de la décentralisation à la veille des prochaines élections aux parlements dévolus, qui auront lieu au printemps 2003 ? Peut-on envisager, par exemple, un futur fédéral pour l'État britannique ? La mise en place du Parlement écossais, de l'Assemblée galloise et de l'Assemblée de l'Irlande du Nord semble impliquer que le Royaume-Uni est en train de devenir une union de nations, chacune avec son identité et ses institutions. Lentement, le point de vue anglais, celui qui voit une seule nation qui réunit différents peuples, semble être en voie de disparition. De plus, si la « dévolution continue » (*rolling devolution*) se poursuit, et surtout si les projets pour les assemblées régionales sont maintenus, comme tout semble l'indiquer, le processus pourrait mener à un État quasi-fédéral au Royaume-Uni. L'équilibre des pouvoirs entre les quatre pays constituants serait à peu près égal. En tout cas, un tel État fédéral n'étonnerait pas les observateurs avertis car ce serait une fois de plus un exemple du pragmatisme britannique, l'illustration d'une réforme en douceur : pas de grands principes ni de grandes décisions à l'origine de l'initiative, mais une réponse pratique à un besoin réel.

Cependant, la situation politique qui risque d'être la plus déterminante en ce qui concerne le statut et les pouvoirs des parlements dévolus serait le retour au pouvoir du parti conservateur à Westminster. Le cas de figure le plus vraisemblable serait une victoire de la droite grâce aux sièges gagnés exclusivement en Angleterre. Il est peu probable que les Tories soient soutenus dans les trois autres pays. Et les institutions politiques qui y ont été mises en place serviront d'écran aux populations de la périphérie contre les excès qui avaient conduit finalement à balayer les conservateurs de la carte politique en 1997. La réussite de la dévolution est en partie due au fait que les conservateurs s'étaient montrés trop insensibles aux besoins des régions.

Reste le problème du mode de scrutin toujours employé pour les élections législatives : la majorité relative à un tour. Ce système, qui a le mérite de donner des résultats très nets et qui a conféré au Royaume-Uni une stabilité politique que beaucoup lui envient, est incompatible avec les tendances politiques modernes, où l'on va vers le respect de la diversité de la population. Ce même mouvement risque d'entraîner aussi la prorogation de l'*Act of Settlement* (1701) interdisant au souverain britannique et à ses héritiers d'épouser un catholique, discrimination qui, au seuil du XXIe siècle, est offensante et désuète.

Le contexte qui a vu la naissance de la dévolution a changé et les évolutions politiques, culturelles et sociales ont facilité son adoption. De même, des changements dans le monde et dans l'Union européenne obligent le Royaume-Uni à revoir ses structures internes. Autrefois considérée comme une simple extension du nationalisme d'antan, il faut reconnaître que la dévolution qui s'est instaurée est d'une nature différente. Aujourd'hui, la nation-État n'est plus le seul ni le meilleur modèle adapté à l'époque moderne. De nos jours, le régionalisme est plus adapté du point de vue économique, surtout parce que les régions peuvent promouvoir des réseaux de contact et de coopération plus efficaces. La dévolution permet le renouveau de la démocratie de par sa proximité avec l'électorat.

Pour reprendre la formule de Ron Davies, le « processus » est long et il est vrai que les systèmes mis en place sont loin d'être parfaits. En Écosse, l'autonomie administrative n'a pas encore transformé la réalité économique ; les Gallois sont frustrés et réclament de plus grands pouvoirs pour l'Assemblée, pour qu'elle soit à égalité avec les deux autres parlements ; et en Irlande du Nord, où les électeurs de Belfast viennent d'élire leur premier maire Sinn Féin, il y a toujours des groupuscules hostiles à l'Accord du Vendredi Saint qui tentent de le saborder par des bombes, des émeutes et des comportements provocateurs, et l'enquête sur les événements du *Bloody Sunday* de 1972 continue.

Néanmoins, la dévolution est, en fin de compte, un processus, donc quelque chose d'évolutif et de dynamique. Des facteurs internes au Royaume-Uni et externes, par exemple l'élargissement de l'Union européenne ou l'adoption de l'euro, ont toujours un rôle à jouer. L'histoire n'est pas finie — et personne n'en connaît la fin.

« Les fins des actes sont intentionnelles, mais les résultats qui suivent ces actes en fait ne sont pas intentionnels ; ou alors, lorsqu'ils semblent correspondre aux fins voulues, ils ont, en fin de compte, des conséquences tout à fait autres que celles voulues[1]. »

1. Friedrich ENGELS « *Ludwig Feuerbach und der Ausgang der klassischen deutsche Philosophie* » *In die neue Zeit*, Stuttgart, 1886. Traduction de l'auteur.

BIBLIOGRAPHIE

ABALAIN, Hervé. *Histoire du pays de Galles*. Brest : éditions Jean-Paul Gisserot, 1991.

AUGHEY, Arthur. *Nationalism, Devolution and the Challenge to the United Kingdom State*. Londres : Pluto Press, 2001.

BARNETT, Hilaire. *Britain Unwrapped*. Harmondsworth : Penguin, 2002.

BLACK, Jeremy. *A New History of Wales*. Stroud : Sutton Publishing Ltd, 2000.

BOGDANOR, Vernon. *Devolution in the United Kingdom*. Oxford : OUP, 1999.

BOYCE, D. George. *Nationalism in Ireland*. Londres et New York : Routledge, (1982), 1995.

BRAZIER, Rodney. *Constitutional Reform*. Oxford : OUP, 1998.

BUDGE, Ian, CREWE, Ivor, MCKAY, David, NEWTON, Ken (eds.) *The New British Politics*. Harlow : Addison Wesley Longman. 1998.

BULPITT, J. *Territory and Power in the United Kingdom. An Interpretation.* Manchester : Manchester University Press, 1983.

CIVARDI, Christian. *L'Écosse depuis 1528*. Paris : Ophrys, 1998.

COXALL, Bill & ROBINS, Lynton. *Contemporary British Politics*. Basingstoke : Macmillan, (1989), 1998.

CRICK, Bernard (ed.). *National Identities : the Constitution of the United Kingdom*. Londres : Blackwell, 1991.

DAVIES, Janet. *A Pocket Guide to the Welsh Language*. Cardiff : University of Wales Press/Western Mail, 1999.

DEARLOVE, John & SAUNDERS, Peter (eds.) *Introduction to British Politics.* Oxford : Blackwell, (1984) 2000.

DUNKERLEY, David & THOMPSON, Andrew, (eds.) *Wales Today*. Cardiff : University of Wales Press. 1999.

ELCOCK Howard & KEATING, Michael (eds.) *Remaking the Union : Devolution and British Politics in the 1990s*. Londres : Frank Cass, 1998.

EVANS, Gwynfor. *The Fight for Welsh Freedom*. Talybont : Y Lolfa, 2000.

GIRARD Gaïd & GRAVES, Matthew (eds.) *Europe unie, le royaume désuni ? : Enjeux politiques, constitutionnels et identitaires de la dévolution.* Brest : Université de Bretagne Occidentale, 2000.

GRUFFUDD, Heini. *Real Wales*. Talybont : Y Lolfa, (1998) 2001.

GUIFFAN, Jacques et VERRIERE Jacques. *L'Irlande, milieu et histoire*. Paris : Armand Colin, 1970.

HARVIE, Christopher. *Scotland and Nationalism : Scottish Society and Politics 1707-1994*. Londres et New York : Routledge, (1977) 1994.

HECHTER, M. *Internal Colonisation : The Celtic Fringe in British National Development 1536-1966*. Londres : Routledge & Kegan Paul, 1975.

HOBSBAWM, E.J. *Nations and Nationalism since 1780 : Programme, Myth and Reality*. Cambridge : CUP, (1990) 1992.

HUTCHINSON, Wesley. *La question irlandaise*. Paris : Ellipses, 1997.

LE DISEZ, Jean-Yves (ed.) *Le pays de Galles tel qu'en lui-même...* Brest : Université de Bretagne Occidentale, 2000.

LE GALES, Patrick et LEQUESNE, Christian (eds.) *Regions in Europe*. Londres & New York : Routledge, 1998.

LERUEZ, Jacques. *Les institutions du Royaume-Uni*. Paris : La Documentation française, 1999.

LERUEZ, Jacques. *L'Écosse : vieille nation, jeune État*. Crozon : Armeline, 2000.

LERUEZ, Jacques et MORERE, Pierre. *L'Écosse contemporaine*. Paris : Ophrys-Ploton, 1995.

LUDLAM, Steve & SMITH, Martin J. (eds.) *New Labour in Government*. Londres : Macmillan, 2001.

LURBE, Pierre. *Le Royaume-Uni aujourd'hui*. Paris : Hachette Supérieur, 2000.

MARR, Andrew. *Ruling Britannia : the failure and future of British democracy*. Harmondsworth : Penguin, 1996.

MORGAN, Kenneth. *Rebirth of a Nation*. Oxford & Cardiff : OUP & UWP, 1981.

MORRIS, Jan. *Wales*. (Oxford, OUP, 1984) Harmondsworth : Penguin, 2000.

MOUGEL, François-Charles. *L'Angleterre au XXe siècle*. Paris : Ellipses, 2000.

OSMOND, John. (ed.). *Devolution Looks Ahead*. Cardiff : Institute of Welsh Affairs. 2000, *The Divided Kingdom*. Londres : Constable. 1988, *Creative Conflict : the Politics of Welsh Devolution*. Llandysul : Gomer Press. 1978.

RAWLINGS, Richard. *Towards a Parliament — Three Faces of the National Assembly for Wales*. Swansea : University of Wales Press, 2002.

SELDON, Anthony (ed.) *The Blair Effect*. Londres : Little, Brown, 2001.

INDEX

Dans la même collection

- *La politique étrangère des États-Unis depuis 1945*, M. Allner et L. Portis
- *Le mouvement féministe anglais d'hier à aujourd'hui*, F. Barret-Ducrocq
- *La Constitution américaine et les institutions*, J.-E. Branaa
- *Histoire des Arts en Grande-Bretagne*, L. Bury
- *La royauté anglaise au XXe siècle*, H. Catsiapis
- *L'Écosse contemporaine*, Ch. Civardi
- *La propagande au Royaume-Uni. De la Renaissance à l'Internet*, R. Dickason et X. Cervantes (coord.)
- *Les mouvements féministes américains*, C. Fillard et C. Collomb-Boureau
- *Les gangsters et la société américaine (1920-1960)*, A. Foucrier
- *Histoire constitutionnelle de la Grande-Bretagne*, D. Frison
- *Libéralisme et citoyenneté aux États-Unis (XXe siècle)*, N. Gachon
- *L'esclavage aux États-Unis. Du déracinement à l'identité*, A. Garrait-Bourrier
- *Les Indiens aux États-Unis : renaissance d'une culture*, A. Garrait-Bourrier
- *Télévision et société aux États-Unis*, B. Gauthier
- *Censure et libertés au Royaume-Uni*, B. Gensane
- *La société britannique à travers la presse populaire*, R. Glaser
- *Le capitalisme américain. Évolution et grandes figures*, A. Hage
- *Censure et libertés aux États-Unis*, A. Hage
- *Les élections présidentielles américaines*, A. Hage
- *Le système judiciaire américain et ses problèmes*, A. Hage
- *La Grande-Bretagne et l'Europe depuis 1945*, T. Harris
- *La question irlandaise*, nouvelle édition, W. Hutchinson
- *Le royaume désuni – Angleterre, Irlande, Écosse, pays de Gale*, M. Jones
- *L'Ouest américain. Réalités et mythes*, P. Lagayette
- *Les minorités ethniques en Grande-Bretagne*, D. Lassalle
- *L'éducation au Royaume-Uni*, V. Lelaidier
- *Les minorités ethniques aux États-Unis*, Cl. Lévy
- *L'immigration aux États-Unis*, A. Mariage-Strauss
- *L'Angleterre au XXe siècle*, François-Ch. Mougel
- *De l'Empire britannique au Commonwealth des Nations*, M. Naumann
- *Économie et conflit en Irande du Nord*, V. Peyronel
- *Le Sud américain. Histoire, mythe et réalité*, E. de Planchard de Cussac
- *New York. Construction historique d'une métropole*, C. Pouzoulet
- *L'Amérique contestataire des années 60*, F. Robert
- *La démocratie américaine au XXe siècle*, J. Soppelsa
- *Les États-Unis d'aujourd'hui en QCM*, Ch. Soulas
- *La Grande-Bretagne contemporaine en QCM*, R. M. Spittal
- *État et protection sociale aux États-Unis*, É. Thévenard
- *Les relations entre les États-Unis et la Grande-Bretagne depuis 1945*, P. Vaiss

Aubin Imprimeur
LIGUGÉ, POITIERS

Achevé d'imprimer en mars 2003
N° d'impression L 64972
Dépôt légal, avril 2003
Imprimé en France